LOS BUENOS DIAS PERDIDOS

LOS BUENOS DIAS PERDIDOS

COMEDIA EN TRES ACTOS,
ORIGINAL DE

ANTONIO GALA

ESCELICER

COLECCIÓN

TEATRO

Premio Nacional de Teatro

I. S. B. N. 84-238-1.042-9

D. L.: M. 4.864-1973

Printed in Spain

ESCELICER, S. A. — Comandante Azcárraga, s/n. — Madrid-16

Estrenada en el teatro Lara, de Madrid, el día 10 de octubre de 1972, con arreglo al siguiente

REPARTO

HORTENSIA	*Mari Carrillo.*
CONSUELITO	*Amparo Baró.*
CLEOFÁS	*Manuel Galiana.*
LORENZO	*Juan Luis Galiardo.*

Escenografía: FRANCISCO NIEVA.
Dirección: JUAN LUIS ALONSO.

ESCENARIO

La antigua capilla de Santo Tomé, situada en el ala derecha del crucero de una iglesia del siglo xvı. La edificación ha sido torpemente adaptada para vivienda. A la izquierda, la puerta de dos alcobas. En el primer término de ese lado, el arranque de una escalera que lleva al campanario. A la derecha, una puerta que comunica con la iglesia. Un mueble-cama, un pequeño baúl, etc. En el muro, una lápida sepulcral. Al fondo, la entrada desde la calle, de un ojival dudoso. Una breve instalación de barbería, con un sillón giratorio, unas repisas, un espejo. La puerta de un cuartito de aseo, que avanza hacia la embocadura. Y, en el rincón izquierdo, un espacio destinado a cocina, cubierto con una cortina. Aquí y allá, muebles de serie, modernos y de mal gusto. Un frigorífico. Una mesa camilla. Y mucho plástico y mucha formica y mucha mediocridad. El contraste entre la primitiva construcción y las adherencias posteriores debe ser violento y casi chirriante. Sólo el verlo debe producir dentera.

ACTO PRIMERO

(CONSUELITO, *sentada en una silla baja de
anea, que es su sillita, escarcha estrellas de
cartón. Tiene a su lado una caja llena y está
rodeada de todo lo necesario para tan dulce
operación. De cuando en cuando se limpia las
manos, manchadas de plata, en el pelo. Can-
turrea.*)

CONSUELITO.—A la Mariblanca
           la pillao el toro,
           le ha metido el cuerno
           por el chirimbolo.
           A la Mariblanca
           le han vuelto a pillar
           le ha metido el cuerno
           por el delantal.

(*Por la puerta de la calle entra* LORENZO,
con una maleta en la mano, mira a CONSUE-
LITO *un minuto; deja la maleta en el suelo;
de puntillas cruza hacia la puerta que lleva
al campanario y desaparece. En seguida se
oye tocar el ángelus. Medio distraída,* CON-
SUELITO *murmura:* "El Angel del Señor anun-
ció a María y Ella concibió por obra y gracia
del Espíritu Santo"... *De repente cae en la
cuenta de lo insólito del toque de campanas.*

*Se levanta mirando hacia arriba sobresalta-
da. Deja sobre la silla la estrella que escar-
chaba. Cesa el ángelus. Baja* Lorenzo. *Se miran.* Lorenzo *se va acercando a* Consuelito.)

Lorenzo.—Buenos días.

(Consuelito *responde con un sonido vago
y asustado, y se deja caer sobre su silla.* Lorenzo, *para tranquilizarla, inicia un gesto de
apoyar la mano en la cabeza semiplateada de*
Consuelito. *Ella se encoge de hombros, como
quien espera un golpe.* Lorenzo *aparta la
mano.*)

Consuelito.—No; no quite usted la mano todavía. (*Pau-
sita.*) Ya puede. Gracias.
Lorenzo.—¿Qué hace?
Consuelito. (*Todavía nerviosa.*)—Estrellas... ¿O parecen
estrellas?
Lorenzo. (*Con la mano en la oreja derecha.*)—¿Cómo?
Consuelito.—De Navidad.
Lorenzo.—Pero si ya estamos en enero.
Consuelito.—Son para la que viene.
Lorenzo.—¿Qué? Yo soy un poco duro de este oído.
Consuelito. (*Congraciándose.*)—Hace usted muy requete-
bién. Los lunes, miércoles y viernes, mi padre también
oía fatal.

(*Busca la estrella que estaba haciendo.*)

Lorenzo.—Su padre, ¿quién es?
Consuelito.—Un sinvergüenza.
Lorenzo.—¿Son para la parroquia?
Consuelito.—No, señor. Para el público en general. Las
más grandes a doce. Las otras a tres.
Lorenzo.—¿Cuántas tiene usted ya?
Consuelito.—Doscientas veinticinco. (*Sacándose de deba-
jo la extraviada.*) Bueno, doscientas veinticuatro.
Lorenzo.—¿Me vende una de las pequeñas?
Consuelito.—¿Al por menor?

LORENZO.—Si compro dos, ¿criarían de aquí a diciembre?

CONSUELITO.—No, no señor; qué más quisiera yo. Las estrellas son como los mulos: estériles. Tome usté ésta, que está muy terminadita... (*Va tomando confianza en medio de su nerviosismo.*) Antes hacía pelucas. Pero me salían así, un poco raras de este lado. Y doña Hortensia decía que estropeaba mucho pelo echándolo en la sopa..., pero el de la sopa era pelo de cliente... (*Señala al sillón de barbero.*) No de mis pelucas... Esto de la escarcha es más limpio.

LORENZO.—Trabaja usted muy de prisa.

CONSUELITO.—A ver, la costumbre. Tengo una gana de que llegue otra vez Navidad... En Navidad está la casa tan despejada, sin una estrella... Da gusto verla.

LORENZO.—Tiene usted un pelo precioso.

CONSUELITO.—¡Huy, precioso! Pero qué dicharachero es usté... Como no me compran aguarrás, me tengo que limpiar las manos en la cabeza. Pareceré una fulana a lo mejor.

LORENZO.—¿Cómo?

CONSUELITO.—Una fulana, una zurriburri.

LORENZO.—¿Quién?

CONSUELITO.—Yo.

LORENZO.—¿Que usted es una fulana?

CONSUELITO.—Hijo, usted no tiene un poco duro el oído.

LORENZO.—Si lo sabré yo...

CONSUELITO.—A usté lo que le pasa es que está como una tapia... Y, a todo esto, ¿usté quién es?

LORENZO.—El que ha tocado el ángelus.

CONSUELITO.—Pero, ¿por dónde ha llegado usté al campanario? Si no hay más escalera que ésa...

LORENZO.—He bajado del cielo.

CONSUELITO.—Pues ha hecho usté muy mal. Porque lo que es aquí...

(*Hace una pedorreta despectiva.*)

LORENZO. (*Con la mano en el oído.*)—¿Qué?

CONSUELITO.—Que... (*Vuelve a hacer la pedorreta.*) Ay, que sordera más tonta... Ahora, hay que ver lo bien que toca usté. Claro que no será de oído, porque... cuán-

ta compañía hacen las campanas, ¿verdad? Yo de chica, quería ser cigüeña. Desde que llegué aquí lo tengo
dicho: esta parroquia, sin campanero, no hace carrera...
Las cosas necesitan...

LORENZO.—¿Usté no es de aquí?

(*Interrumpiéndola.*)

CONSUELITO.—Yo, no señor. Qué asco. (*A lo suyo.*) Las
cosas necesitan su publicidad. Ya ve usté: es el circo
que, ¿a quién no le gusta el circo? y hace su cabalgata.
Cuánto más esto de la iglesia que siempre es menos
divertido... ¿No será usté de un circo? (*A lo suyo.*) A
mí, donde se ponga un charivari. Un buen funeral tampoco es feo, pero donde se ponga un charivari, con su
elefante, su malabarista...

LORENZO.—¿Usté de dónde es?

CONSUELITO. (*Ofendida.*)—De ningún sitio. En mi familia
todos hemos sido feriantes. Menos una tía abuela que
salió monja... ¿Y usté?

LORENZO.—Mi padre era farero.

CONSUELITO.—¡Huy, que mascabrevas!... Bueno, un faro
y un campanario son casi iguales. Ya ve: ustedes a
pararse; nosotros, a pendonear; de pipirijaina en pipirijaina... ¡La vida! (*A lo suyo.*) Al principio íbamos en
una troupe. Mi madre era Zoraida. La partían en cuatro, dentro de una caja, con una sierra. Mi padre era
el que la partía: un hipnotizador buenísimo. Pero salió
pegando gritos de la caja. A la mañana siguiente se
había escapado con la domadora...

LORENZO.—¿Su madre?

CONSUELITO.—¡Mi padre! Tenía un cohete en el culo, por
así decir.

LORENZO.—¿La domadora?

CONSUELITO.—¡Mi padre! Y lo seguirá teniendo, si no se
lo han sacado.

LORENZO.—Pero, ¿quién le puso el cohete?

CONSUELITO.—Hijo, es una manera de hablar. A ver qué
se figura. Mi padre era muy hombre. Tan hombre, que
hace quince años llegamos aquí y aquí nos quedamos.

Mi madre y yo, se entiende; más plantadas que un pino. Mi madre, entonces cogió y se estableció de vidente. Lo que ella decía: "Para adivinar el porvenir, lo mismo da un pueblo que otro. Lo que hay que saber es ponerse el turbante". Porque se ponía un turbante morado, mire usté, con un plumero aquí... Estaba de guapa...

LORENZO.—Usté es también muy guapa.

CONSUELITO.—Qué disparate. A usté lo que le pasa es que es también artista.

LORENZO.—Yo la veo muy guapa.

CONSUELITO.—Pues del oído, no sé. Pero lo que es de la vista, anda usté bueno.

LORENZO.—Y a usté, ¿le adivinó su madre el porvenir?

CONSUELITO.—Huy, con los de la familia no daba una, fíjese. Con los clientes, como no los volvíamos a ver, vaya. Pero con los de la familia... Con decirle que, después de que mi padre nos abandonó, siguió poniendo tres platos en la mesa... Siete años, día por día, diciendo: "Hoy es. De hoy no pasa que vuelva". Y hasta que nos terminábamos el postre, no me dejaba comerme la sopa de mi padre, que estaba ya más fría...

LORENZO.—¿Usted no era de la profesión?

CONSUELITO.—Naturalmente. Contorsionista. Lo que pasa es que a los nueve años, me di con la cabeza en un bordillo y perdí muchas luces... ¡Huy, cuántas cosas le estoy contando! Como usté es nuevo... En esta casa nadie me hace caso. Yo no hablo. Aquí es como si una se hubiese muerto. Como si una se hubiera dormido una noche y, por la mañana, quisiese despertarse y no pudiera. "Pero, Consuelito, hija, si estás muerta", me digo muchas veces. Aquí no puede pasar nada de nada. Nada. Por eso estoy nerviosa... Yo no es que sea tonta a todas horas, es que soy muy nerviosa. Y he oído las campanas... Una cosita así, ya usté ve, una cosa de nada —dindón, dindón— era lo que yo estaba esperando... Y además que me da mucha alegría que usté sea tan sordo, porque así puedo hablarle alto, que es lo que a mí me gusta. Yo quise ser campanera. Yo quise ser de todo. Pero doña Hortensia me quitó la

ilusión: dice que "campanera" es nombre de vaca...
Me podía usté enseñar a tocar las campanas. (*Ten-
diéndole las manos que él toma.*) ¿Serviría?

LORENZO.—Sí... Consuelito.

CONSUELITO.—Anda, pues ¿no sabe mi nombre? Qué artista es usté, hijo. Por agilidad no quedará: yo tengo
todavía. (*Ha hecho descender dos maromas, de las que
en otro tiempo colgarían dos lámparas.*) ¿Le hago una
demostración?

LORENZO.—¿De qué?

CONSUELITO.—De contorsionismo. No querrá usté que le
ahorque... (*Deseando.*) ¿Se la hago?

LORENZO.—Por mí... (*El afirma.* CONSUELITO *comienza a
hacer números un poco tontos, no muy difíciles. Y
seguirá conforme al diálogo.*) Qué bien.

CONSUELITO.—Le gusta, ¿no?

LORENZO.—Ya lo creo. Usté debía dedicarse.

CONSUELITO.—Como que Cleofás, al principio, decía que
yo en la cama era muy alegre. Que parecía otra. (*Un
número.*) El no, el no parece otro. ¿Y el tambor? ¿Sabe
usté tocar el tambor?

LORENZO. (*Disculpándose.*)—No...

CONSUELITO.—Porque todos estos números resultan más
vistosos con música de tambor y mucho pasar por el
aro, que es lo mío. Lo que yo digo: Señor, ¿por qué
todas las criaturas tienen que estar haciendo lo que
no les gusta? Cuatro días que vivimos y nos los tenemos que pasar bien "fotús"... Yo estuve en Barcelona.
Usté de viajar, nada, ¿no? Por su oficio, claro; no va
a ir usté con las campanas de un sitio para otro.

LORENZO.—Yo, en eso de viajar, siempre he tenido un
sueño...

CONSUELITO. (*Asombrada.*)—¡Ay, un sueño! Yo también.
¿Se lo cuento? Perdone usté que hable yo sola, pero
si no, ¿a quién se lo voy a contar? Luego me cuenta
usté el suyo. En el mío no salen ni doña Hortensia
ni Cleofás... (*Comienza a mimar todo su relato.*) Sale
una niña delante de muchos soldados vestidos de ce-
leste. Lleva una melena muy larga, colorada, qué lástima. Va andando de pie, marcando el paso... como si

fuesen aspas de molino. Pero sólo la niña está viva.
Y, de repente, hay que correr con la ropa por la
cintura. Correr, correr. (*Señalándose atrás.*) Yo, aquí,
tengo hoyitos, como los niños. Y voy arrastrando la
melena por el agua, como la cola de una cometa, y
me echo a llorar, así... porque me he empapado los
lazos de las trenzas.

LORENZO.—Pero si lo que llevaba era una melena.

CONSUELITO.—¿Qué sabemos lo raro que es el pelo de las
niñas? (*Cambio.*) Lleva una estrella, pero de mar, (*Des-
dén por las de cartón*), e nla raya del pelo. Y está para
comérsela. Sólo que nada sirve para nada. Por fin
entra en el circo. Se da la vuelta y entra. Hay un
chimpancé en pijama, que marca números de teléfono.
Es el hijo de la funambulista. En el circo es que pasan
unas cosas: son de costumbres libres, como dice Cleofás.
Usté, que también sueña, quizá sepa algo de esto.

LORENZO.—Lo mío es distinto. Mi sueño es otra cosa:
un deseo que tengo, algo que necesito hacer antes de
morirme...

CONSUELITO.—Ah, ya: vivir. (*Desencantada.*) ¡Qué me-
nuarria! ¿Usté sabe que los galápagos hablan muchísimo de noche con las estrellas? (LORENZO *va negando,
cada vez más acorralado. Ella le habla como un niño
a otro: con la misma seriedad.*) ¿Usté sabe que cuando
se toma una taza de caldo templado es muy fácil
morirse de repente? ¿Usté sabe que si alguien hace lo
que se le ocurre, terminan por ahorcarlo? Entonces,
hijo, no le entiendo. ¿Usté qué puñeta quiere?

LORENZO.—¿Yo? Tocar las campanas de Orleans.

CONSUELITO. (*Ilusionada.*)—Huy, eso es nuevo. ¿En dónde
está Orleans?

LORENZO.—Lejos, fuera de aquí, en el extranjero.

CONSUELITO.—Ahí no he estado, ya usté ve. Ni siquiera
sabía que en el extranjero tuvieran campanas. Creí
que eran peores. No se puede juzgar. Siga, siga. ¿No
le importa que yo dé tarambetas? Es que una vez que
cojo carrerilla. (*Animándole a hablar.*) ¡Venga!

LORENZO. (*Imitando a* CONSUELITO *en un juego consciente.*)—¿Usted sabe que si se sueña con campanas que

menea el aire se tiene un accidente? (CONSUELITO *va
negando casi sugestionada*.) ¿Y que si repican en el
sueño es signo de calumnia? ¿Usted sabe que si vuelan
lechuzas alrededor de un campanario, está el párroco
en peligro de muerte o va a cometerse un robo sacrílego?

CONSUELITO. (*Sigilosa*.)—¿Un robo sacrílego? Ay, no...

LORENZO. (*Como ella antes*.)—Entonces, usté, ¿qué puñeta quiere?

CONSUELITO.—¿Yo? Que me siga hablando, pero no miente
usté aquí esa clase de robos...

LORENZO.—Cuando mi padre me pegaba un tozolón, yo
decía: "No importa, tocaré las campanas de Orleans
y dejaré boquiabierto a todo el mundo". Cuando quería
que aprendiera a ser farero, yo decía: "¿Para qué?
Lo mío es llegar a Orleans y tocar las campanas"...
Cuando en el seminario...

CONSUELITO.—¿Usté estuvo también en el seminario?

LORENZO.—Sí: con su marido: pero me suspendían. Entré
por no seguir dentro del faro...

CONSUELITO.—Pues salió usté de Málaga y se metió en
Malagón.

LORENZO.—Hasta que me di cuenta de que ése no era el
camino de Orleans...

CONSUELITO.—¡Qué ha de ser! ¡Menudo es Orleans!

LORENZO.—Y me salí. Luego he ido tocando las campanas... Por los pueblos sobre todo. En las fiestas de las
Patronas, en las romerías...

CONSUELITO.—Como los maletillas. ¡Qué dolor de hijo!

LORENZO.—Y me he ido olvidando de Orleans. Se va andando caminos, cada vez más caminos, y cada vez
sabe uno menos dónde va...

CONSUELITO.—Ay, es que lo importante es el camino, des-
engáñese usté. Usté, ¿cómo se llama? Bueno, a mí qué
me importa. Llegar siempre es lo mismo. Los pueblos
y la gente son lo mismo... (*Concesiva*.) De Orleans, yo
no hablo... Pero el camino, ay, Dios. Mi padre me decía:
"Mirá, Consuelito: qué trama tan espesa tienen estos
olivos, Virgen: qué buen año de aceite"; eran encinas,
claro, pero ¿qué más da? Estamos hechos para ir por

ahí, con alguien que nos diga cosas del campo. Aunque
sean mentiras. Porque el campo tampoco importa. Im-
portamos nosotros, andando, y la otra persona, que
nos pone la mano aquí. (*En el hombro.*) Y nos dice:
"Oye, Consuelito, mira"...

LORENZO. (*Poniéndole la mano en el hombro.*)—Oye, Consuelito, mira: hoy me he vuelto yo a acordar de Orleans... Se nos va haciendo tarde tan pronto para
todas las cosas por las que íbamos a vivir...

CONSUELITO.—Halá, qué mustio se me ha puesto. Pero si
está usté en la flor de la edad. Si se parece usté a
Jorgito, que era el hércules, y las tenía así... Que no
me gusta que sea usté tan gilipuertas, hombre... (Lo-
RENZO *se deja consolar.*) ¡La vida! Que le fríen dos
huevos a la vida. Si ha entrado usté aquí como el rayo
del sol por el cristal. Igual que el ángel del Señor.

LORENZO.—Usté sí que es un ángel.

CONSUELITO. (*Recomenzando sus evoluciones en pista.*)—
Ay, que me meo. Si yo fuese un ángel, ¿qué porras iba
a hacer en esta casa? Levantaría el vuelo así, así... y
me iría... a Orleans.

> (*Frena. Toma unas estrellas y evoluciona,
> hasta tropezar con* DOÑA HORTENSIA, *que entra
> de la calle.*)

HORTENSIA.—Deténte. Titiritera, saltimbanqui. ¡Guarra!
De-tén-te.
> (*Le da un pellizco, cosa que por otra parte,
> hará a menudo.*)

CONSUELITO.—¡Ay! Es que no podía pararme...

HORTENSIA.—Ya te voy a parar yo. ¿Qué crees: que estás
en una plaza de pueblo enseñando el ombligo, como
cuando te recogimos? (*Al ir a dejar la bolsa del mercado que trae en las manos, ve a* LORENZO. *Cambia el
tono, fenómeno muy frecuente en ella.*) Un poco de
respeto a este sagrado lugar, Consuelito, hija mía.
(*Nuevo pellizco y nuevo cambio.*) ¿Has sido tú la que
has tocado el ángelus?

CONSUELITO.—Ay, no. Ha sido ese señor.

HORTENSIA. (A LORENZO.)—Mi hijo no tardará. Ha ido al
Obispado. Espérelo. ¿Pelado o afeitado? Para ir ca-
lentando agua...

LORENZO.—Usted debe ser doña Hortensia. Yo soy Lorenzo, el compañero de Cleofás. Avisé que venía...

HORTENSIA.—Ah, sí. Qué tonta, Lorenzo... (*Evidentemente
impresionada.*) No sabía que era usté tan... alto. Perdone a esta inepta. Ya habrá comprendido que la
pobre... (*Gesto de que* CONSUELITO *está loca.*) Una cruz
que nos ha caído. La sobrellevamos, la sobrellevamos,
pero hay días... Cuando cambia el tiempo se pone...
¿por qué no sigues escarchando estrellitas, rica? Como
ha tocado usté... Estaba en el mercado y me parecía
que estaba en el séptimo cielo. Como toque usted todo
igual que las campanas... (LORENZO *sonríe bobamente.
Quizá no oye. Vacía la bolsa. Por una botella de vino.*)
Aquí no bebemos ninguno, pero ahora me obliga el
"prazticante" a tomar un vasito en las comidas. Estoy
tan desganada. Y el caso es que me siento a la mesa
con apetito, pero ir comiendo e irlo perdiendo, es todo
uno. (*Modesta.*) ¿Desea una copita y así espera con
más tranquilidad? (CONSUELITO *hace gestos divertidos
mientras tararea, porque sabe que* LORENZO *no se está
enterando de nada.*) Yo le acompañaré por no desai-
rarlo... ¡Que no cantes!

CONSUELITO.—Si sólo estoy tarareando.

HORTENSIA.—Pues no tararees, ¿no ves que estamos de-
partiendo este señor y yo?

CONSUELITO.—Sí, sí. Lo que es ese señor...

HORTENSIA.—Es una plebeya. Menos mal que usted es
como de la casa, porque nos tenemos que andar con
cuidado: ya ha visto usted qué barrio: todos ateos. Y
los que no, como si lo fueran, porque no dan limosna
a la parroquia... ¿Y de levantafalsos? No quiera usted
saber.

CONSUELITO. (*Triunfal.*)—Háblele usted más alto, que es
sordo... De las campanas.

HORTENSIA.—Podías haberlo dicho antes de que me em-

balara, merdellona. (*A grito herido.*) Bueno, ¿y cómo
por aquí?

LORENZO. (*Con cierta guasa en la cara, que nos hace pen-
sar que no es tan sordo.*)—Que solicité una plaza de
guardia y me la han concedido. Este Ayuntamiento me
han dicho que es muy pacífico..., y como aquí estaba
Cleofás, pues...

HORTENSIA.—Que sí, hijo, que sí. No faltaba más. Y por
nostros, encantados. Con la necesidad que tenemos de
un buen amigo guardia.

LORENZO.—A sus órdenes. (*Cómplice.*) Hoy por ti, mañana por mí...

HORTENSIA. (*Falsa.*)—Eso es: todos somos hermanos, ¿y
esas campanas? ¿Las abandona usted?

LORENZO.—A ver qué vida. Entre el poco sueldo, la gente
que no está para músicas y los carillones electrónicos,
se acabó el oficio. Ya no es lo que era. No hay vocación.
Ahora tocan las campanas carboneros, fontaneros, al-
bañiles, bomberos... Da igual, mucho palio, mucha luz
de neón en las iglesias, mucha calefacción, mucha ga-
rambaina... y a las campanas que les den morcilla. En
toda España sólo quedamos ya dos buenos acordistas. Y
el otro es un borrachón que...

HORTENSIA. (*En voz más baja, como alguna vez que quiere ocultarle a* LORENZO *algún comentario.*)—Pues pobres campanas: un borracho y otro sin tímpanos...

LORENZO.—Está el arte tan mal remunerado...

HORTENSIA.—Ya se sabe: todo es materia en el mundo en
que vivimos. Yo no soy de esta época... Bueno, por mi
edad, sí. Quiero decir que soy diferente, más espiritual.
En casa, de toda la vida, los hombres han pertenecido
a la iglesia o al ejército. Por tradición, como debe ser.
Y mi familia política, igual. Ya ve usted mi marido...

CONSUELITO.—¿Era cura?

HORTENSIA. (*Bajo.*)—Asquerosa. (*Alto.*) Era telegrafista.
Pero muy religioso. Y mi primo Sebas, un superdotado,
al ejército. Cómo sería que no le digo más que llegó a
brigada. Ahora, está en la Argentina. Precisamente me
he enterado hoy. Por esta carta. (*Se la pone por delante.*) Es de la Argentina, ¿eh?...; se fue porque tuvo la

2

desgracia de ser brigada, pero con los rojos. Una equi-
vocación la tiene cualquiera. No se calcula bien y... Pero ha hecho una fortuna por lo que me dice... Yo soy
muy de derechas, aunque sé perdonar. Por mi aspecto
usted comprenderá que yo no he vivido siempre así...
¿O no?

LORENZO. (*Guasón.*)—A cien leguas, señora. Esa altivez,
esas manos...

HORTENSIA.—Usted sí que entiende... Pero ni sombra,
amigo mío, de lo que fueron... Mi casa era una casa
grande, de la alta burguesía como suele decirse hasta
cuando es mentira. (*Dolida sonrisa.*) Allí entraban
los salmones por su propio pie. Qué gastos, cuánto ca-
pricho, cuánta chuchería, no es que lo eche de menos:
Cada guaraguao tiene su pitirri, que decía un cubano
amigo mío, parecido a usted, así: mimbreño, más mo-
renito quizá...

LORENZO.—¿Qué decía?

HORTENSIA.—Que cada guaraguao tiene su pitirri.

LORENZO.—¿Y eso qué significa?

HORTENSIA.—Yo qué sé; pero no decía mucho. Yo he sido
siempre muy fiel a mis recuerdos. (*Señalando el bau-
lillo. Suena el teléfono.*) Perdón. (*Lo coge.*) Diga...
(*Muy seca.*) Por la tarde. Eso por la tarde antes del rosario. (*Cuelga.*) No sé dónde vamos a parar. Un muerto
de hambre de éstos, que pregunta, por teléfono, nada
menos, si puede venir a cortarse el pelo. Le digo que
este barrio... ¿Quiere usted creer que la mayoría hasta
usa cepillos de dientes? Y los hijos, su bachillerato. Yo
pienso que son todos comunistas... Ya ve usted si nos
viene bien un guardia... Menos pelarse y más limosnas,
que es lo que aquí hace falta... Es que mi Cleofás se
ayuda con la barbería y con sus clases de latín. No da
abasto la criatura. Yo habría preferido un barecito
mono. Lo habría atendido yo misma: a mí no se me
caen por eso los anillos. Y don Remigio, el párroco, estaba bien dispuesto. Pero Cleofás no se atrevió. Ay, es
tan fililí. Dijo que la peluquería era más honesta. Como esto es el ala derecha del crucero..., antes fue la
capilla de Santo Tomé, pero a fuerza de rogativas, fui-

mos consiguiendo de don Remigio alguna ventajilla:
la lucha por la vida... (*Por el enterramiento.*) ¿Ve usted? La fundadora. (*Leyendo.*) "Aquí descansa el cuerpo de doña Leonor Carrillo de Velasco, condesa de Albolafia, que por mayor presteza aguarda en pie su resurrección".

CONSUELITO. (*En lo suyo.*)—Qué loca la tía.

HORTENSIA.—Niña, tú a tus galaxias... (*Por la lápida, en que está esculpida la imagen de la condesa.*) Toda emperifollada. La gente con dinero siempre ha sido lo mismo: vive bien, pero lo que es morir... mueren mejor. Mire, mire. Qué derroche, Señor. Qué lujo de sortijas y collares.

        (*Atenta a la reacción de* LORENZO.)

LORENZO. (*Listo como ella.*)—Un desperdicio, sí, señora.

HORTENSIA.—Tanto equipaje para una posada tan pequeña... Y, a propósito de posadas, ¿usted dónde se hospeda?

LORENZO.—No lo sé todavía. Acabo de llegar. Tengo ahí mi maleta.

HORTENSIA.—Pues quédese con nosotros. Le saldrá más barato y estará mejor atendido que en una pensión. Son tan siniestras todas y tan flojindangas...

LORENZO.—No me atrevo, señora. (CONSUELITO *levanta los ojos hacia él.*) Están aquí en familia... A lo mejor a Cleofás no le cae bien. Hace tiempo que no nos hemos visto, habrá cambiado.

HORTENSIA.—Qué disparate. Estaría bueno... Cleofás hará lo que yo diga, como siempre. Así podrá usted tocar, de cuando en cuando, las campanas. Más: yo influiré ante don Remigio para que le nombre oficialmente campanero. Tendrá usted un sueldecito. Modesto, pero...

LORENZO.—Gracias, señora. Muchas gracias. Un millón de gracias.

        (*Va a besarle la mano muy camastrón.*
     HORTENSIA *suspira y le señala el divancillo.*)

HORTENSIA.—Esta es su cama. Aquí dormirá usted mejor que en la gloria... Es mucho más práctica que aquellas otras de mi casa..., ¿usted se acuerda?

LORENZO.—No, no estuve.

HORTENSIA. (*Que ya lo ha calado, pero a la que le gusta.*) Con siete colchones de pluma y baldaquino, que parecían pasos de Semana Santa. Siéntese, siéntese.

(*Se sienta ella.*)

LORENZO.—Yo no quisiera ser un incordio en una casa tan bien avenida...

HORTENSIA.—Nada de incordios. A mí me encantará poder hablar con alguien educado, aunque sordo. Me pirra la gente educada... Hoy es todo tan soez. ¿Se sienta o no? (LORENZO *lo hace. La cama cruje amenazadoramente.*) No se preocupe. (*Lo retiene porque va a levantarse.*) Ya lo arreglará Cleofás que es tan mañoso. (*Se sirve otro nuevo vaso.*) Seguro que su lecho se ha apresurado a darle la bienvenida. No me extraña, hijo. (*Suspira. Bebe.*) Pero beba... Yo me acuerdo de que cuando mi primer marido..., bueno, mi marido, se me declaró, le sonaron las tripas. Era ya maduro, un calvatrueno: de Bilbao, figúrese. Y yo le dije: "No te hagas mala sangre, Paco, las tripas suenan siempre cuando se están haciendo corazón". (*Carcajada. Observa la seriedad de* LORENZO.) ¿Me ha oído? (*El asiente.*) Por lo de hacer tripas corazón... ¿O no entiende? Ay, Jesús... Pues beba, por lo menos.

CONSUELITO.—Que se va a ahogar... Claro, como usted tiene ya las meninges como tres bizcochos borrachos...

HORTENSIA.—Calla, portal de Belén... (*A* LORENZO.) Un censo. (*Suspira.*) Mientras llega Cleofás voy a hacer la comida... Parece que se me ha despertado el apetito y no quiero dejar que se me duerma. Prescripción del practicante, lo que es por mí, me dejaría morir por consunción. No puede imaginarse lo finísima que yo soy... Tú (*A* CONSUELITO.), ¿echaste en agua los garbanzos? Mírela: espatarrancada, que parece un manchego... ¿Los echaste?

COUSUELITO. (*Temerosilla.*)—No, señora. Se me pasó.

HORTENSIA.—Mala puñalada te den.

(*Pellizco.*)

CONSUELITO.—Como a mí lo que me gusta es comer de ta-
pas... (LORENZO *empieza a abrir su maleta*.) A mí cro-
quetas y patatas fritas. En dando las nueve, mi padre
todas las noches decía que el cocido tuvo la culpa de
la guerra civil...

HORTENSIA.—Querría yo saber quién fue tu padre.

CONSUELITO.—Pues un hombre muy culto. Y muy vivido
y muy de todo. La carrera de maestro empezó dos veces, para que usted vea. Y era de la misma Pamplona.

HORTENSIA.—Calla, papagaya.

CONSUELITO.—Huy, en verso.

HORTENSIA. (*A* LORENZO.)—Hablábamos de problemas caseros. Un descuido de aquí. (*Por* CONSUELITO.) Menos
mal que hoy con tanto invento... Porque, eso sí, tenemos
de todo, oiga usted... (*Bajo*.) Si es que puede, porque
nada que... Nuestra olla exprés, nuestro frigider, nuestra lavadora-secadora, nuestro de todo. Hoy se vive
mucho mejor que antes. Bueno: yo no. La gentuza, se
entiende. Para saber andar por alfombras hay que haberse hecho pis encima de ellas, y yo me he hecho cada pis, que ¡vaya con Dios! Pero, ¿se acuerda usted
de aquellas mesas de pino? ¡Qué horror!

CONSUELITO. (*Casi traspuesta*.)—Se fregaban con lejía y se
quedaban con los nudos al aire. Como parientes vieje-
citos.

HORTENSIA. (*Pellizco*.)—Ahora, formica, que es tan elegan-
te y variopinta.

CONSUELITO. (*Triste*.)—Aunque se quiera no se puede
manchar.

HORTENSIA.—Todo de plástico. Hoy cualquier cacharro se
lava y se estrena. Como los hombres de otros tiempos,
ay... Tenemos la iglesia de flores, que es un pensil, un
vergel. Todo en plástico.

CONSUELITO.—Da un reparo entrar...

(*Va hacia el retrete.* HORTENSIA *se acerca a*
LORENZO.)

HORTENSIA.—Como la vida a mí ya sólo me ha dejado las
flores y los cirios...

CONSUELITO. (*Desde el retrete.*)—¿Doña Hortensia? Yo no
encuentro más que una...

HORTENSIA. (*Decapitado su farol, con un gesto de infinita
resignación.*)—Voy a hacer la visita. (*Por la iglesia.*)
Hasta ahora mismo, Lorenzo, y bien venido.

LORENZO.—Bien hallada, señora.

HORTENSIA. (*A* CONSUELITO.)—Que no te vea yo hablarle,
mala pécora.

> (*Sale por la iglesia.* CONSUELITO *y* LORENZO
> *se miran, se sonríen.*)

CONSUELITO. (*Al oído.*)—¿De verdad se va a quedar aquí?

LORENZO. (*Con la estrella del principio en la mano.*)—Sí,
Consuelito, parece que usted me dio la buena estrella.

> (LORENZO *pone su mano sobre la cabeza de*
> CONSUELITO *a quien se le cae la estrella que
> había cogido para escarchar. La pobre sus-
> pira extrañamente. Entra* DOÑA HORTENSIA
> *con una estación de Viacrucis bajo el brazo.*
> LORENZO *al verla se separa de* CONSUELITO.)

HORTENSIA.—Anda, guapa. Llévale esto a la Clotilde.

CONSUELITO.—¿Para pagar la compra?

HORTENSIA.—No preguntes y llévaselo.

CONSUELITO.—En lo que va de año, nos hemos comido medio Viacrucis.

HORTENSIA.—Esta es una de las tres Caídas.

> (*A* LORENZO, *tanteándolo.*)

CONSUELITO.—Menos mal que está "repe"... Pero de aquí
a nada, hacer un Viacrucis en esta iglesia va a ser
igual que ir en el talgo, que no para en ninguna es-
tación.

> (*Se está atusando el pelo ante el espejo de
> la barbería.*)

HORTENSIA. (*Quitándole el peine.*)—Venga, venga. Si lo
que le pasa a tu cara no se arregla peinándose... A la
calle... Ay, Señor.

> (*Se pone a comer algo.*)

CONSUELITO. (*Al salir, a* LORENZO.)—En esta casa no le
diga usted a nadie eso de las campanas de Orleans...
Porque lo que es si se enteran... (*Gesto de robo.*), como
no toque usted las castañuelas...

> (*Salen* LORENZO *y* HORTENSIA, *quedan mi-
> rándose frente a frente. Sonríen entendién-
> dose.* CONSUELITO *asoma por la puerta y los
> ve.*)

O S C U R O

ACTO SEGUNDO

(CLEOFÁS, *con un guardapolvo blanco, de
barbero, termina de cortar el pelo a* DON JE-
NARO, *que aprueba o niega, con la cabeza sólo, grave y solemnemente. Alrededor de la
mesa camilla,* HORTENSIA *y* LORENZO. *En su
silla, cerca,* CONSUELITO.)

CLEOFÁS.—Italia es un país que ha perdido la fe en sí mismo porque ha perdido la fe en la verdad. ¿Cierto, don
Jenaro, cierto?

(*Afirmación.*)

HORTENSIA.—Cómo habla, Dios mío, cómo habla... Qué
gran predicador hubiese hecho, o qué gran político: en
el fondo, es igual.

CLEOFÁS.—Cuando los hombres no buscan ya ser libres,
se ponen en manos de quienes les proporcionen un es-
pejismo de seguridad... Un hombre que no es libre pa-
dece de espejismos, como en los desiertos... ¿Es así, don
Jenaro? (*Afirmación.*) Hay pueblos que ya han perdido
su dignidad de pueblos. Viven de la limosna. Piden que
los guíen, como mendigos ciegos, no les importa adónde. (*Negación.*) Perdón, don Jenaro, perdón. (*Mostrán-
dole su obra a través de un espejo de mano.*) ¿Está
bien así? (*Por otro lado.*) ¿Eh? (*Afirmaciones.*) Le ha
quedado un cuello precioso, don Jenaro. (*Suspiro sig-
nificativo de* HORTENSIA.) "Carabí urí — carabí urá".

(Jenaro *comienza a levantarse.*) Gracias a Dios, España ha recobrado su vocación de imperio, y como aquella cabra de la mito'ogía, nominada Amaltea, pueda amamantar, si se me permite la expresión, puede amamantar otra vez mundos. (*Afirmación. Lo está cepillando.*) Cuatro duritos, don Jenaro. (*Lo acompaña a la puerta.*) Buenas tardes, don Jenaro. A su disposición y hasta cuando quiera, don Jenaro. (*Sale el cliente.*) Consuelito, pasa el cepillo.

> (*Se quita el guardapolvo.* Consuelito *va a obedecer.*)

Lorenzo.—Yo le ayudo.
Hortensia. (*Deteniéndole.*)—No faltaba más, que lo haga ella, que para eso está.
Lorenzo.—¿Ese don Jenaro es mudo?

> (*A* Cleofás.)

Hortensia.—Mudo, no. Es un poquitín hijo de la gran no sé qué.
Cleofás.—Mamá…, lo que le sucede es que no habla nunca… Afirma o niega sólo con la cabeza.
Lorenzo.—Qué particular, ¿no?
Cleofás.—Es que dice que él es católico, pero anticlerical.
Hortensia.—Ya ve usted. Como si Dios con ser Dios no fuera católico y clericalísimo. Lo que quiere ése, como otros muchos, es protegerse de las hordas con la religión y, además, no dar un céntimo para el culto y clero. Si lo sabré yo…
Cleofás.—Mamá.
Hortensia.—Ni mamá, ni papá. En vez de cortarle el pelo, le deberías cortar de cuando en cuando la cabeza.
Consuelito. (*Mientras barre los pelos.*)—Sí, con lo difícil que es recoger la sangre…
Hortensia.—Barre y calla… Este es un matacuras disfrazado, como tantos otros. Que se levantase otra vez la veda y ya veríamos. Como yo le digo a éste (*Por* Cleofás. *Le habla casi siempre a* Lorenzo.): ¿Y tú por qué

le hablas? Que se vaya a pelar a una logia masónica o
a una sinagoga o como sea...

CLEOFÁS.—No se puede pelar a nadie sin hablarle, mamá.
Es de mal gusto. (*A* LORENZO.) Y como en la actualidad
no se pueden tocar ni el fútbol ni los toros, porque se
hieren muchas susceptibilidades...

CONSUELITO.—Sobre todo en los toros: hay cada marido...

HORTENSIA.—Qué sabrás tú. (*Va a salir* CONSUELITO.) Friega de paso el retrete, que está hecho una cochambre.

CONSUELITO.—Pues yo no he ido hoy en todo el día, de
modo que...

(*Sale.*)

LORENZO.—Es muy buena tu mujer, tunante. Ya puedes
estar contento.

CLEOFÁS.—Sí que es buena la pobre, sí. ¡Qué le vamos a
hacer!

HORTENSIA.—¡Tonta! Ay, si te hubieras casado con Anto-
nia, que es la que tenía caudal.

CLEOFÁS.—Mamá, si fuiste tú la que me aconsejaste que
me decidiese por Consuelito.

HORTENSIA.—Fue un engaño, ¿sabe usted?, un verdadero
timo... Siento como un mareo... Ay, Señor. (*Abre una
botella.*) A estas horas me han recetado un dedito de
orujo. Me recuerda mi infancia, ay. ¿Quiere usted?

LORENZO.—Gracias, que siente bien.

HORTENSIA.—Su madre era vidente. Y tan vidente, la tía
fresca. Nos largó a este muerto haciéndonos creer que
le tenía ahorrada una fortuna. Ya ve usted: deficien-
te mental y sin un duro: un bodorrio.

CLEOFÁS.—Mamá, que era tu consuegra.

HORTENSIA.—Mi com... pota... era... Este hijo mío es un
San Luis Gonzaga.

CLEOFÁS.—A mí me gusta Consuelito, mamá.

HORTENSIA.—Pues a mí, no. Ni niños, Lorenzo. No es ca-
paz ni de tener niños. Esa cosa tan fácil que se hace
a oscuras. Claro que con un marido como éste, que es
un azucenón de mayo, vaya usted a saber.

CLEOFÁS.—Cómo eres, mamá. Qué dirá Lorenzo.

LORENZO.—Yo, nada. A mí tu madre me hace mucha gracia.

HORTENSIA.—Pues anda, hijo, que usted a mí. Más vale que me calle. ¿Por qué no echamos una partida de cartas por parejas? Me ilusionaría tanto hacerme señas con Lorenzo...

CLEOFÁS.—Mamá, ¿cartas aquí? Sabes que no me gustan. ¿Por qué no haces un jersecito para el ropero de San Vicente?

HORTENSIA.—Porque no me da la gana. Y porque me da vértigo fijar la vista. Cleofás lleva la santidad hasta un extremo que más me valdría irme a un convento de señora de piso. Hijo de mi vida. (*Tomándole la mano.*) Un convento, comparado con esta casa, sería para mí Torremolinos.

(*Ojos húmedos.*)

CLEOFÁS. (*Arrepentido.*)—Es que tengo que corregir los ejercicios de latín, mamá...

LORENZO.—Y yo tengo que ponerme el uniforme. Lo siento, pero a las ocho entro de retén. Como es el primer día...

HORTENSIA.—Ay, el uniforme. Lo único que faltaba. Estoy deseando verlo. "Desideravi desideratus", como diría Cleo, que es tan espectacular. Para mí, un hombre de calle pierde mucho. La iglesia y el ejército: ésos sí que saben lo que se hacen.

CLEOFÁS. (*Que ha sacado unos cuadernos de ejercicios.*)— ¿Te acuerdas en el seminario, del segundo año de latín?

LORENZO.—Del segundo año, sí. Del latín, ni pum.

CLEOFÁS.—Yo tampoco. He ido aprendiendo luego por correspondencia... las fábulas de Fedro. Cuánto enseñan. Toda la vida es una fábula de Fedro.

(*Cruza* CONSUELITO *con una sotana en las manos.*)

HORTENSIA.—¿Dónde vas?

CONSUELITO.—A cepillarle la sotana a mi marido, ea.

HORTENSIA.—Qué modales. Ve friendo los garbanzos que sobraron del almuerzo. Me chifla la ropa vieja.

CONSUELITO.—Pues a su hijo no le chifla tanto. Más vale
que le comprara usté una sotana, que ésta parece de
lamé de plata con los brillos que tiene.
HORTENSIA.—¡Idiota, pero mala! Si te limpiaras bien la
escarcha de las manos antes de cepillarla, no brillaría
tanto.
CONSUELITO.—Pues traiga usté aguarrás.
HORTENSIA.—Vitriolo es lo que traía, jigona.
CONSUELITO. (*Dolida*.)—A mí no me ponga usté en ridícu-
lo delante de ese hombre...
CLEOFÁS.—Basta, basta...

(*Levanta la cabeza apenas de su cuaderno.*)

HORTENSIA.—Como que a ti hace falta ponerte, ¡renacua-
jo! Haznos...
CONSUELITO.—Cuando me di con el bordillo, ojalá me hubiera muerto. Me gustaría morirme ahora mismo. Morirme y que al mismo tiempo se acabara el mundo.
HORTENSIA.—¿Lo veis? Qué egoísmo...

(*Se levanta para echarla y lo consigue.*)

CLEOFÁS. (*Entre tanto*.)—"Introibe al altarem Dei". Ibamos a subir al altar de Dios, Lorenzo. Y ahora, ¿qué?
Como no sea por la puerta de servicio. Es un dolor del
que apenas ni se da ya uno cuenta, pero que está calla-
dito, guardado en el fondo de uno.
LORENZO.—Yo nunca he servido para guardar nada... Y
ahora, por mi mala cabeza, me veo de guardia, mira tú.
HORTENSIA.—Qué gracia tiene el condenado.
CLEOFÁS.—Como empieza este alumno a traducir la fábula quince del libro primero: "Un burro, en un tímido
prado, apacentaba a un viejo". Lo confunden todo. Ya
no se estudia a los clásicos.
HORTENSIA.—En eso la Iglesia es la primera. Con tantas
facilidades, ha organizado unas rebajas de saldo, que
ya, ya...
CLEOFÁS.—In hostium clamore subito territus... ¿Comprendes?

LORENZO.—Nada, chico.

CLEOFÁS.—Mira, hombre, mira. "Un humilde anciano, apacentaba su asno en una pradera. Aterrado por la repentina proximidad de los enemigos, exhortó a huir al asno para que no los cautivasen. —Oración final, con "ne"—. Pero el asno, sin apresurarse, le preguntó: ¿Piensas?...— Lo ves, al cerrarse, la interrogación "¿putas?"

HORTENSIA.—Eso digo yo.

CLEOFÁS.—Mamá... "¿Piensas que el vencedor me cargará con dos albardas? No: dijo el viejo. Entonces ¿qué me importa a quien sirva, si en todo caso he de llevar mi albarda?"

HORTENSIA.—Qué verdad.

CLEOFÁS.—Parece mentira que no lo recuerdes: "Nihil praer domini nomen mutant pauperes: Para los pobres sólo cambia el nombre de su amo". Qué hermoso es el latín, qué hermoso es Fedro.

HORTENSIA.—Qué hermoso es Lorenzo.

CLEOFÁS.—Al final de esta traducción, en vez de mudar el burro de amo, mudó el viejo de burro.

LORENZO.—Pues, ¿no decía al principio que era el burro quien le daba de comer? ¿Qué más quería?

HORTENSIA.—Pero qué gracioso es este hombre. Me tiene loca.

LORENZO. (*Un poco por defenderse.*)—Voy a cambiarme. Con permiso.

HORTENSIA.—Ay, sí.

(*Lo ve marchar.*)

CLEOFÁS.—Mamá, quisiera hablar contigo seriamente.

HORTENSIA.—Hijo, por cuatro piropillos que le haya echado a un chico que puede ser mi nieto... En fin, mi nieto...

CLEOFÁS.—No se trata de eso, mamá. Traigo los peores informes del obispado. Quería comunicártelos a solas.

HORTENSIA.—Me asustas. Si te parece, hago ese jersey para los pobres ahora mismo, ¿eh? Que era una broma...

CLEOFÁS.—No, no, escúchame. Don Remigio tiene una edad provecta...

HORTENSIA.—No lo dirás por mí.

CLEOFÁS.—No, lo digo por don Remigio.

HORTENSIA.—Quiero decir que su edad no es culpa mía:
Yo, bien alimentado que lo tengo. Por cierto, que a pesar de estar tarumba tiene un hambre que se come los
quiries...

CLEOFÁS.—Si no se trata de él...

HORTENSIA.—Y de ti, no digamos: lo has descargado de
todo. No lleva ni una albarda.

CLEOFÁS.—Demasiado... En el obispado tienen dudas sobre la administración de esta parroquia.

HORTENSIA.—Más vale que tuvieran dudas sobre la administración del obispado.

CLEOFÁS.—Mamá, que nos perdemos...

HORTENSIA.—Calla y atiende. Hay que aparentar más virtud de la que se tiene: de acuerdo. Pero de eso a no
tener ni pan hay un abismo. Un santo muerto no sirve
más que para que se le rece.

CLEOFÁS.—Si te oyeran, mamá.

HORTENSIA.—Si me oyeran, me callaría. Pero ahora no me
oyen. Contesta: sin mí, ¿qué hubieras sido? Un tonto
de pueblo. O peor: un minero. Y ahora, aquí, mírate:
con tu hopalanda, que alegra las pajarillas sólo el ver-
te... ¿Te ha ido bien en la vida dejándote llevar por mí
en las cosas del mundo? Di, ¿te fue bien?

CLEOFÁS.—Sí, mamá.

HORTENSIA.—¿Te saqué yo de la pobreza en que nos dejó sumidos tu padre, al que no llegaste ni a conocer?
(Se santigua.) Mala peste se lo coma si es que vive.

CLEOFÁS.—Sí. Yo, madre, eternamente...

HORTENSIA.—Déjate de eternidades... Y si no, no me ven-
gas luego con "tío, páseme usté el río"... que tú dime
a mí: en total ¿qué tenemos? ¿Somos siquiera obispos?
¿O gobernadores? ¿O caseros, por lo menos, como don
Jenaro?... Entonces... nada. Nada: cuatro electrodo-
mésticos. Y a plazos, vaya untentebonete... Si vivimos
a base de letras, Cleofás. Gente de letras, ¿quién nos
lo iba a decir? Vivimos como todo el mundo. Como
las personas decentes: ni una peseta ahorrada. Al día.

Al día y sin esperanzas de mejora. No, hijo, no, yo no tengo intranquila la conciencia.

CLEOFÁS.—Pero los remordimientos, mamá, de noche... y este desorden...

HORTENSIA.—El que no sepa vivir, el que no sepa cerrar los ojos a tiempo, que se ahorque, Cleofás. Yo he pasado mucha hambre. A los diez años, lo único mío que tenía era una perra gorda enterrada en un agujero del corral. De repente, a los quince, una noche me pusieron en la mano diez duros. Apreté los dientes y dije: "Ya está".

CLEOFÁS.—No sé a lo que te refieres.

HORTENSIA.—Sí lo sabes, pero no importa. Agua pasada no mueve molino... Si hubiera sido hombre, me hubiera hecho cura. En cuanto tú naciste, vi el cielo abierto: ¡cura! Sin dar golpe, limpio, respetado, alternando con tu sotana... Con tus manípulos, con tus charreteras...

CLEOFÁS.—Esos son los almirantes, mamá.

HORTENSIA.—Con tus estolas de visón.

CLEOFÁS.—Eso son las señoras.

HORTENSIA.—Con tus buenas casullas bricadas... ¿O tampoco eso es de curas?

CLEOFÁS.—Sí..., pero los tiempos han cambiado.

HORTENSIA.—Dímelo a mí. Los tiempos y nosotros. Pero por eso no vamos a dejarnos morir... No pudiste ser cura... (*Va hablar a* CLEOFÁS.) Porque eras medio tonto, ya lo sé. La de trabajos que he tenido que hacer para pagarte tu seminario... Y ahora, ¿qué? No puedo disfrutar ni de cuatro vainadas que se pudren de risa ahí en la iglesia. Que se hinchen bien sus panzas las carcomas, pero nosotros con la tripa vacía... Que no, Cleofás. Que eso Dios no lo manda.

CLEOFÁS. (*A* CONSUELITO, *que entra muy alterada con los cafés.*)—¿Qué te pasa? (CONSUELITO *no contesta.*) Qué sofocada estás.

CONSUELITO.—De tanto cepillarte la sotana. (CLEOFÁS *va a acariciarla.*) No me toques.

HORTENSIA.—¿Cómo que no te toque tu marido? Hará lo que le salga del traste, ¿no?

CLEOFÁS.—Mamá: "Compañera te doy, que no sierva".

"Amabilis ut Rachel, sapiens ut Rebeca, longaeva et fidelis ut Sara".

HORTENSIA.—A mí déjame de tanto ut.

CLEOFÁS.—Bien claro se dice en la ceremonia de la boda.

HORTENSIA.—Como si los novios estuviesen en ese momento para enterarse de lo que se les dice. Ellos van a lo suyo. O a lo del otro, que es lo natural... No te preocupes de nada, Cleofás, que aquí tienes a tu madre.

CLEOFÁS.—¿Y qué?

HORTENSIA.—¿Cómo que "y qué"? Que aquí la tienes. Hay mucha gente huérfana, caramba. Por supuesto, que para tener madres como las de algunas, más vale quedarse huérfana.

(CONSUELITO *se echa a llorar.*)

CLEOFÁS.—No le hagas caso, pobrecita.

CONSUELITO.—Tener lástima de mí. Que tenga alguien lástima de mí... Yo no tengo nadie. Yo estoy sola...

HORTENSIA.—Eso, ponte de su lado, encima. Lo único que faltaba para que se suba de una vez a la parra.

CONSUELITO.—Qué más quisiera usted que me subiese a la parra, para que me cayera luego y me escachifollase.

HORTENSIA.—Qué vocabulario se aprende yendo de feria en feria. (*Aparece* LORENZO *de uniforme.*) Ay, no... Ay, sí...

(CONSUELITO *lo mira y llora más.*)

CLEOFÁS.—No entiendo nada.

HORTENSIA.—Ni falta que te hace, hijo. Para eso tienes a tu madre.

LORENZO. (*Consciente de su efecto, exhibiéndose.*)—¿Toco al rosario?

HORTENSIA.—Toca lo que quieras, abencerraje. (LORENZO *sube al campanario.* CLEOFÁS *se reviste de sotana y roquete.* HORTENSIA *acaricia la gorra que ha dejado* LORENZO *sobre la mesa. Se escuchan las campanas.* CONSUELITO *deja de llorar y sorbe un poquito.*) Tanto tiempo calladas, como si no existieran, y oídlas, oídlas, cantando como locas. Igualito que mi corazón.

(*Toma su café.*)

CLEOFÁS.—Qué gozo, qué gozo proporcionan esas lenguas de bronce. "Domine, labia mea aperies".

(*Toma su café.*)

HORTENSIA.—"Et cum spiritu tuo".

CONSUELITO.—A las campanas de Orleans debe de dar gloria oírlas. Allí no habrá ánimas en pena. (*Toma su café.*) Allí no habrá penas. (*Suspira.*) Orleans es el colmo.

HORTENSIA.—Con este Lorenzo nos ha visitado Dios, Cleofás. Arriba el corazón.

CLEOFÁS.—Que quiere decir: Sursum corda.

(*Baja* LORENZO.)

HORTENSIA.—Qué torpe he sido. Tengo una idea. Vamos a reunirnos todos como en las cortes esas que hablan los periódicos. Unas cortes tomando café.

CLEOFÁS. (*Por la iglesia.*)—Mamá, si van a empezar a llegar.

HORTENSIA.—Que esperen cinco minutos, no se les va a ir la Virgen; Lorenzo, guapo, usted es como uno de nosotros. Voy a llamarte de tú. Es más razonable, dado que vamos a ser tan buenos amigos.

LORENZO.—Si usted gusta...

HORTENSIA.—Gusto, gusto. A mi derecha. Tú representas a la autoridad que nos defiende. La que los contribuyentes pagamos para que nos administre y nos quite los piojos, entre otras muchas cosas. (*A* CLEOFÁS.) Tú, a mi izquierda. Representas los intereses de esta iglesia.

CLEOFÁS.—¿Y tú?

HORTENSIA.—Yo me represento a mí, a todos los que entran en las cortes.

CONSUELITO.—¿Y yo?

HORTENSIA.—Tú eres los que no entran, para lo que vas a opinar. Quédate ahí, y procura, como siempre, ver, oír y callar. Lo tuyo no es más que decir sí a todo. No será malo que tengamos un público que nos obedezca, como el burro ese de Fedro. (*Pidiendo que se lo acerquen.*) Yo me sentaré sobre ese arca, que contiene las reliquias de mis antepasados. Me encuentro más segu-

3

ra. Sobre ellos y entre estos dos pilares. Ay, qué pilares.
(*Se acerca a* LORENZO.) Si alguna vez me he separado
de ellos, bien sabe Dios que ha sido por su bien. Los
uniformes son siempre bonitos, pero no siempre son in-
teligentes. Si lo sabré yo, que los adoro. Se empieza,
Cleofás, cuéntanos.

CLEOFÁS.—¿Qué?

HORTENSIA.—Lo del obispado y eso. Verás como acabo por
tener razón. (*Va a hablar* CLEOFÁS.) De pie. A las cosas
hay que darles importancia: si no, no se las cree nadie.

CLEOFÁS. (*Carraspea, señala alrededor.*)—Antes de todo esto, el párroco, más que párroco, era un pastor.

HORTENSIA.—Si don Remigio era pastor o perito agróno-
mo, no nos interesa ahora. Al grano, al grano.

CLEOFÁS.—Un pastor de almas, mamá.

HORTENSIA.—Ah, siendo así...

CLEOFÁS.—Pero descuidaba la parte administrativa. Descansó de ella en mí. Yo he sido... (*Mira a* HORTENSIA.),
hemos sido los verdaderos administradores. Sobre todo
cuando él hace unos meses... Don Remigio es un anciano, tiene una edad...

HORTENSIA.—Sí, provecta. Quiero decir que está gagá.

CLEOFÁS.—Entonces empezó a tener con nosotros ciertas
delicadezas, que parece que no han sido bien interpre-
tadas. La intención del obispo está bien clara: de aquí
a nada nombrará un nuevo párroco.

HORTENSIA.—Ese cambio está muy lejos de favorecernos,
dilo, hijo.

LORENZO.—Ni a mí. Está claro... Se han hecho ciertas
ventas, ciertas enajenaciones de adornos superfluos...

HORTENSIA.—Pero con pleno consentimiento de don Remigio, ¿eh? Para decirnos que sí, él siempre ha tenido
la mente muy clara. Es como un borrego.

CLEOFÁS.—Un cordero, mamá.

HORTENSIA.—Es igual. El producto se destinó a reparar
deterioros del edificio, a adecentar nuestra humilde vivienda.

CLEOFÁS.—Sí, mamá, pero la cúpula sigue hundiéndose.

HORTENSIA.—Porque los siglos no pasan en balde. Sin ir
más lejos, el mismo don Remigio, que no llega a un si-

glo y es buenísimo, está hecho un asco. Mi padre, que era terrateniente, decía a menudo: una parroquia dura más que un párroco; un olivar dura más que un ministro; nada hay eterno; Cleofás, te pongas como te pongas. ¿No te lo enseñaron en el seminario?

CONSUELITO.—¡Ay, qué harta me tienen!

CLEOFÁS.—Es preciso reponer lo robado, mamá.

HORTENSIA.—Lo prestado, será.

CLEOFÁS.—Por ejemplo, el cuadro que hace tres meses mandaste a restaurar. Las cornucopias del sagrario, que dijiste que debían dorarse de nuevo...

HORTENSIA.—Yo no tengo la culpa de que los restauradores y los doradores se vayan a Alemania y los que quedan sean unos informales. Déjate de minucias. Caray con el obispado.

CLEOFÁS.—Mamá, ¿pero de dónde sale tanto electrodoméstico?

HORTENSIA.—De nuestro esfuerzo. Hoy en día, todo el mundo lo tiene. El nivel de vida. ¿O no lees los periódicos? Paz y lavadoras; ése es nuestro lema.

CLEOFÁS.—Se comenta, mamá. Se dice por las calles, en las tabernas, en los mostradores, en los descansos del cine...

HORTENSIA.—Pero ¿quéeee?

CLEOFÁS.—Que nos merendamos la parroquia. Que entramos aquí desnudos y nos hemos puesto morados...

LORENZO.—Será en adviento, Cleo.

CLEOFÁS.—Que hemos arramplado con el oro y el moro. Que vendemos la cera. Que vaciamos el cepillo de San Pancracio...

HORTENSIA.—Pues mejor harían callándose los que hablan, porque de la iglesia todos han sacado tajada. Lo que pasa es que unos mean en lana y otros en lata. Muchas bocas tengo tapadas yo con oropel de altares. Tú, ni caso.

CLEOFÁS.—Doña Rufa, Soledad la del cabo, Remedios la lechera, todos... Que si don Remigio es un fantoche en nuestras manos. Que si tú lo tienes agarrado por todas partes...

HORTENSIA. (*Saltando*.)—¡Ves, eso ya es una ordinariez de mala vida!

CLEOFÁS.—Es preciso obtener dinero. Reparar la cúpula, recuperar los cuadros, los candelabros, la cruz parroquial de plata con su manguilla, mamá, todo. La iglesia está desmantelada.

HORTENSIA.—Los siglos. Hablas de una manera. No parece sino que hemos entrado a saco en ella.

CLEOFÁS.—No me pongas nervioso. Don Remigio, en un mes, o se muere, o lo jubilan. Yo soy responsable de todo. Hay un inventario. En el obispado tienen copia. Mamá, por Dios, ¿qué hacemos? ¿Qué hacemos?

HORTENSIA.—Qué histérico, Cleofás. Tú nunca has sido así. ¿Para qué está este uniforme a nuestro lado? ¿Qué opinas, guardia mío?

LORENZO.—Se podía pedir el traslado a otra parroquia antes del cambio.

CLEOFÁS.—¡Huir!

HORTENSIA.—¡Qué opinión tan típica de una autoridad...! No nos iríamos lo bastante lejos. Y habría que hacer regalitos... que distrajeran las memorias... No está Noé para chubascos.

CLEOFÁS.—Dinero, dinero, dinero, dinero.

HORTENSIA.—Haz el favor de no ser sórdido ni apegado a los bienes terrenales. No te va. Déjame eso a mí. Yo sé lo que hay que hacer. Seguramente Dios, en su infinita misericordia, recogerá a mi primo Sabes antes que a don Remigio... Yo para eso de las muertes tengo un ojo...

CONSUELITO.—Pues debía haberse hecho médica.

HORTENSIA. (*A* CONSUELITO.)—¡Inconfesa!... Entre tanto, haremos lo que hemos hecho siempre: comprar cupones de los ciegos, rellenar quinielas, jugar a la lotería, esperar una herencia...

CONSUELITO.—Ir a los toros...

CLEOFÁS.—No, no y no. Llevamos muchos años viviendo de mentiras, que no nos creemos ya ni nosotros. Hemos de devolver la parroquia al primitivo estado en que nos la encontramos. Basta de ilusiones. Basta de milagros laicos. Hay que poner los pies en tierra firme. Seamos realistas: lo primero es hacer una novena a Santa Rita, abogada de los imposibles... (LORENZO, *guasón*.), o un triduo a San Antonio, abogado de los objetos perdidos.

CONSUELITO. (*Subiéndose a su sillita.*)

> Si buscas milagros, mira
> muerte y error desterrados,
> miseria y demonio huidos,
> leprosos y enfermos sanos.
> El mar sosiega su ira.
> redímense encarcelados,
> miembros y bienes perdidos
> recobran mozos y ancianos.

(*Como en éxtasis.*)

> El peligro se retira,
> los pobres van remediados,
> díganlo los socorridos,
> cuéntenlo los paduanos.

HORTENSIA. (*A* CLEOFÁS.)—Tú que la entiendes, párala. Párala o no respondo.

CONSUELITO. (*Ya disparada.*)

> Ay, sepulturia mía,
> qué olvidada que te tengo.
> Cuántos se acuestan de noche
> y a la mañana están muertos.
> Yo de mis culpas me acuso.
> Y mis pecados confieso.
> Dadme vuestra bendición.
> Y los santos sacramentos.

HORTENSIA.—Llamad a la guardia civil y que la mate a tiros...

CONSUELITO. (*Agotada.*)

> Santa Rita y San Antonio
> todo resplandece en vos.
> Gracias a Dios, gracias a Dios.

(*Con gran naturalidad.*) ¡Lo solté! (*Se baja de la silla.*) Es el devotísimo responsorio. Lo rezaba mi madre cuando se le extraviaba algo.

HORTENSIA.—Pues vaya porquería de vidente que era tu madre. Calla, malvada, y escarcha estrellas...

CONSUELITO.—¡Ya está! Me han iluminado. De prisa, vamos...

HORTENSIA.—¡Que le da otra vez! Por Dios, que le da...

CONSUELITO.—Una tómbola. Hay que poner en la calle una tómbola de caridad.

HORTENSIA.—Ay, la tonta. Con razón dicen que Dios habla por boca de los simples. Pero qué barbaridad. Pero qué bien pensado.

CLEOFÁS.—Habéis perdido la razón.

HORTENSIA.—Una tómbola, mientras se arreglan los papeles de la herencia de mi primo el indiano...

CLEOFÁS.—¿Pero qué vamos a sortear en una tómbola?

HORTENSIA.—Todo. Cualquier cosa, los cuatro doraditos que quedan en la iglesia, dos o tres muñecas, cinco cubos de basura. (Animándose.) Con una sabanilla de altar, nos puede salir un mar de mantelerías monísimas. Y, además, ponemos a trabajar a las tías locas del ropero, que es lo que están deseando. Un negociazo, hijo. (Se oye un ruido infernal en la iglesia.) Alguna devota está impacientándose.

CLEOFÁS.—No sé. Me convencéis. Siempre me convencéis. Esperemos que todo sea para bien.

(Sale. Pronto se oirá rumor de rezos.)

HORTENSIA. (A CONSUELITO.)—Tú, a lo tuyo. Y no creas que por haber tenido una idea, en tu vida te vas a liberar. (Sale CONSUELITO. A LORENZO.) Creo que estarás conforme conmigo en todo, ¿verdad? En todo. Tú, como encargado de mantener el orden, te haces cargo, ¿a que sí?

LORENZO.—Sí, señora, ¿no he de hacérmelo?

HORTENSIA.—Delante de Cleofás no pueden decirse ciertas cosas, pero tú eres más humano. Tengo en reserva alguna puertecita de cuarterones, algún trocito de retablo...

LORENZO.—Alguna campana, porque las seis qué falta hacen... A uno le gusta ser campanero, pero no tanto, pero no tanto...

HORTENSIA.—Ay, necesitaba un hombre para entrar y salir, para darme fuerzas. Soy tan femenina... (*Otro tono.*) Yo conozco anticuarios. (*El de antes.*) Hasta después, cómplice, Lorencillo.

LORENZO.—Hasta después, doña Hortensia.

HORTENSIA. (*Poniéndose el velo.*)—No le pongas tratamiento a una flor. Llámame Hortensia a secas.

LORENZO.—¿A secas una flor?

HORTENSIA.—Ay, con razón me he entendido siempre bien con el último que ha llegado.

(*Sale riéndose por la puerta de la iglesia.*)

LORENZO.—Consuelito. (*Entra* CONSUELITO, *bajos los ojos.*) ¿Por qué antes no me quisiste hablar ahí dentro?

(*Le levanta la barbilla.*)

CONSUELITO.—¿Por qué ha venido usté?

LORENZO.—Aquí no eres feliz.

CONSUELITO.—Lo fui cuando iba por los pueblos, pegando saltos como las monas. Sin nadie que me dijera: "siéntate, calla, friega ese retrete". Ya me iba acostumbrando a no ser más feliz. Y llega usté y me mira y estoy todo el rato oyendo campanas sin saber de dónde.

LORENZO.—De Orleans... Te quiero, Consuelito.

CONSUELITO.—Sí. (*Con el dedo en el ojo.*) Sópleme usté aquí. Lo que son los artistas.

LORENZO.—Tú también lo eres. Ellos, no.

CONSUELITO.—Ni yo. Tengo unas agujetas de los saltos de esta mañana... Las coyunturas se desentrenan mucho. Váyase usté, déjenos como estábamos y no se pare hasta llegar   Orleans: no haga usté lo que yo...

LORENZO.—Tú puedes ayudarme.

CONSUELITO.—¿Cómo?

LORENZO.—Ya te lo iré diciendo...

CONSUELITO.—A su disposición. Usté será feliz dentro de poco. Yo leo el porvenir: más que mi madre, creo.

LORENZO.—Háblame al oído para no distraer a los del rosario...

CONSUELITO.—Que digo que usté tocará en Orleans. Y cuando se consigue lo que más se quiere, se consigue al mismo tiempo todo.

LORENZO.—¿Y a ti? ¿Qué te gustaría conseguir a ti? ¿Cómo te puedo conseguir a ti?

CONSUELITO.—¿A mí? (*El comienza a besarla, aprovechando que ella le habla al oído.*) Lorenzo, ¿qué hace usté? Yo estoy casada. Muy mal, pero casada... Lorenzo, que se me clava el correaje, hombre...

(*Se refiere al del uniforme.*)

LORENZO.—Consuelito... Vente conmigo a Orleans.

(*Ella suspira, abandonándoles.*)

CONSUELITO.—¡¡¡Orleans!!! ¡Ay! ¡Ay! ¡Ay! Soy tonta. (*El murmura: "Tonta, tonta, tonta", mientras la besa.*) Me plerdo... Pero, ¿qué voy a hacerlo si soy tonta? Ay, qué alegría más grande.

(*Es de noche. LORENZO se sienta en el sillón de la barbería. CLEOFÁS prepara lo necesario para afeitarlo, cosa que hace, si no bien del todo, sobre el siguiente diálogo. De tiempo en tiempo, aprovechando que CLEOFÁS está de espaldas, asoma por la puerta de la calle la extraña aparición de CONSUELITO, vestida con traje de hebrea y tocada con enorme turbante morado. Aparece para tirar a LORENZO montones de besos apasionados. En ella nada resulta malicioso, sino infantil y travieso.*)

LORENZO.—¿Quién demonios te mandó dedicarte a esto de la barbería? Porque tú, de tomar una decisión, nada.

CLEOFÁS.—Ni yo ni nadie. La vida es quien decide. Soñábamos, ¿te acuerdas?, en aquel cuarto del seminario. Tú, con tocar al alba en Orleans. Yo, en convertir moros. No sabía a qué, ni de qué, pero convertirlos.

LORENZO.—Nuestro oficio ha sido siempre convertir moros o matarlos.

CLEOFÁS.—Soñábamos...

LORENZO.—A mí me despertaron a empujones; me echaron...

CLEOFÁS.—Hombre...

LORENZO.—Yo estaba deseando irme, pero me echaron. Me cogieron mandando recaditos a todas las hermanas de los seminaristas... Trece novias tenía. Cuando pasábamos en fila, me saludaban desde los balcones. Yo era un sanguinario y me echaron: lo normal. Pero a ti que eras tan pavisoso, ¿qué te pasó?

CLEOFÁS.—El tiempo me pasó. Los chicos que iban entrando me pasaron. Si me subían de un curso a otro, es porque no cabía en las bancas. Siempre fui un badulaque. Al final me llamaban "Papá Toro"... Para no ser una carga, para que me tuvieran pena —que es lo único que he sabido hacer bien— ayudaba en la barbería. Y acabé por aprender el oficio.

LORENZO.—¿Entonces a ti también te echaron?

CLEOFÁS.—De una casa no se echa a un cenicero. Y eso era yo... No me hubieran echado. Pero un día llegó mi madre... Ay, Lorenzo, ¡qué madre! (*Movimiento.*) Está muy caliente. ¿Te hago daño?

(*Es que ha aparecido, una vez más,* CONSUELITO.)

LORENZO.—No, sigue; es que me ha dado un calambrito aquí.

CLEOFÁS.—Llegó mi madre... Ella tenía una pensión...

LORENZO.—¿Del Estado?

CLEOFÁS.—No, de señoritas.

LORENZO.—Ah, ya.

(*Ríe.*)

CLEOFÁS.—Y no sé por qué la tuvo que cerrar. Fue en el cincuenta y seis.

LORENZO.—¿Por el mes de marzo?

CLEOFÁS.—Sí, por Semana Santa... Llegó y me sacó de allí. No quería seguir viviendo sola, no estaba ya en edad de trabajar...

LORENZO.—Claro, qué va a estar en edad. Figúrate.

CLEOFÁS.—Y se le había pasado la ilusión de tener un hijo cura. Barbero tampoco lo quería. Me obligó a hacer oposiciones al Ministerio de Obras Públicas. Pero yo ya tenía la cabeza cansada. Y como ella conoce a mucha gente, me colocaron de sacristán aquí.

LORENZO.—A ti lo que siempre te ha gustado es meter la cabeza bajo el ala y que otros te vivan la vida, ¿no? Pues eso es lo que tienes...

CLEOFÁS.—Como esos que quisieron ser toreros... y ahora son peones de otro. O peor, monosabios.

LORENZO.—Pero tienes compensaciones...

(*Vago.*)

CLEOFÁS.—Quizá, sí. Quizá estoy haciéndome el mártir. Porque mi vida no podía terminar de otra forma. No me iban a traer a la sacristía el Premio Nobel..., ni siquiera se puede decir que sea un fracasado. Fracasado es el que intenta algo y no le sale. Yo no he intentado nada... Yo lo único que he hecho ha sido darles a todos la razón... Claro que tengo a Consuelito.

LORENZO.—¿La quieres mucho?

CLEOFÁS.—Es lo único mío que tengo.

(CONSUELITO *vuelve a tirar besos.*)

LORENZO.—Y a tu madre.

CLEOFÁS.—No. Es ella quien me tiene a mí. No se da cuenta, pero en el fondo es eso. Consuelito es igual que yo: tontucia. Se llama así y lo es: mi consuelito. (*Serio.*) Lo que me gusta es verla escarchando estrellas, mientras yo limpio los dorados. Es igual que un pajarito.

LORENZO.—¿Y no le habréis atado mucho la patita entre todos?

CLEOFÁS.—No..., está tan hecha a su jaula que, aunque abrieran la puerta, no se iría. Seguro.

(*Quizá el sacristán sabe más de lo que creemos.*)

LORENZO.—¿Ella sabe que la quieres?

CLEOFÁS.—Sí, se lo dije un día, cuando me declaré.

LORENZO.—¿Se lo dijiste tú o tu madre?

CLEOFÁS.—De eso ya no me acuerdo. Pero lo sabe.

LORENZO.—¿Y no se lo has vuelto a decir?

CLEOFÁS.—¿Para qué? Lo nuestro no es una gran pasión...

LORENZO.—Pero, hombre, decirle que la quieres una vez al mes...

CLEOFÁS.—Entre nosotros, hablar de amor no estaría bien. Nos entraría la risa. El amor es cosa de los otros; de la gente importante, que tiene tiempo libre. Nosotros bastante tenemos con ir viviendo juntos.

LORENZO.—Para una mujer eso es aburrido... y peligroso.

CLEOFÁS.—Yo, a las mujeres no las entiendo bien. Ya te imaginas cómo son las que tratan con sacristanes: más bien carabineros.

LORENZO.—Perdona que me meta, pero digo yo que por las noches...

CLEOFÁS.—Por lo general estamos muy cansados. Y cuando no, ya sabes: eso dura tan poco...

LORENZO.—Será a ti, que eres tonto...

CLEOFÁS.—Además, como a la mañana siguiente no hablamos de eso... es como si no hubiese pasado. (*Picarón.*) No te creas, al principio nos hacíamos timitos, carantoñas, nos dábamos cachetes y esas cosas. Hasta que mi madre nos dijo que ya estaba harta de presenciar cochinerías... Y ahora, este cambio de párroco me está quitando el sueño. Sabe Dios si no nos quedaremos en la calle como titiriteros...

LORENZO.—Hay que tener confianza, Cleofás.

CLEOFÁS.—Sí. Y conciencia limpia. Yo he consentido demasiado, he sido débil: el "timor reventialis" más que nada...

>   (*Un momento antes han dado las once en*
>   *el reloj de la iglesia. Ahora se oye la voz de*
>   DON REMIGIO.)

VOZ REMIGIO.—Feligreses: Adán se comió la manzana, pero nos ha salido a todos el tiro por la culata. ¡Qué revolú se armó!...

CLEOFÁS.—Ya está don Remigio. Qué cabeza. En cuanto oye las once cree que son de la mañana y se pone a predicar como en misa mayor. Espera que lo lleve a su casa, hombre...

(*Sale por la puerta de la iglesia.*)

VOZ REMIGIO.—Dios es bueno. Sí, sí. Dios es bueno, pero no tonto. Y el día que se harte, ya veréis. Habéis querido metéroslo en un bolsillo. Muy bien: os explotará dentro. Y yo me alegraré, qué porra.

(*Irrumpe* CONSUELITO, *abrazándose a* LORENZO, *que está sin terminar de afeitar y manchándose de jabón.*)

LORENZO.—Por favor, mujer, por favor.

(*Sobre esto.*)

VOZ CLEOFÁS.—Baje usted del púlpito, don Remigio, que es de noche y no hay nadie. Vamos a la cama, que hay que descansar.

VOZ REMIGIO.—Qué cama ni qué niño muerto. Tengo la obligación de predicar la palabra de Dios, me oigan o no.

VOZ CLEOFÁS.—Sea usted buena persona. Vamos, yo le acompaño.

LORENZO.—¡Por favor!

CONSUELITO.—¿Nos vamos a ver cuando se acuesten?

LORENZO.—Sí, por eso le he dicho a tu marido que me afeite, para no pincharte. Pero es que te tiras de un modo... Ni que yo fuese una piscina.

CONSUELITO.—Te quiero, te quiero, te quiero.

LORENZO.—¿Otra vez? (*Ella tiene una náusea.*) Menudo lavado de estómago te estás haciendo.

CONSUELITO.—No es por el jabón. Después te diré una cosita.

LORENZO.—¿Con qué letrita, odalisca?

CONSUELITO.—No te burles de mí porque te quiera...

LORENZO.—Si no me burlo. Es que tienes una pinta...

CONSUELITO.—Yo tampoco me encuentro cómoda con este traje, qué te crees. Con el turbante, sí, porque es el de mi madre. Pero con el traje, no. Es de una de las Santas Mujeres del paso del Nazareno y me da no sé qué llevarlo yo... ahora... con lo nuestro. Claro que, así vestida, soy un reclamo. Atraigo a mucha gente a la tómbola. A mirar, sobre todo...

LORENZO.—No me extraña.

CONSUELITO.—Porque jugar, no juegan casi. Esto es lo que he podido sisar hoy. Toma.

(Le da un puñado de monedas.)

LORENZO.—¿Todo en pesetas?

CONSUELITO.—A ver..., los billetes los coge doña Hortensia... ¿Cuándo nos vamos a ir a Orleans, Lorenzo? *(El cuenta su dinero.)* No me gusta vivir como vivo, sin saber de quién soy. No va con mi carácter. Me parece a mí que yo no soy muy pindonga.

LORENZO. *(Guardando el dinero.)*—Todavía no tenemos bastante.

CONSUELITO.—Pues vámonos andando. Yo podía hacer números por los pueblos y tú pasabas la bandeja. Háblame de Orleans.

LORENZO.—Ya te he dicho todo lo que sabía.

CONSUELITO.—¿Tiene muchas torres o una sola muy grande?

LORENZO.—Una muy grande y llena de campanas.

CONSUELITO. *(Alusiva.)*—Y de cigüeñas.

(Lo abraza.)

LORENZO.—No te hartas, ¿eh?

CONSUELITO.—No me harto, guapísimo, que me tienes loca. Vámonos a Orleans ahora mismo.

(Tira de él.)

LORENZO.—Espera siquiera que me afeiten la otra media cara, ¿no? Y que ahorremos un poco más y que arreglemos los papeles... ¿Es que no lo pasas bien aquí conmigo?

CONSUELITO.—Sí, pero necesito decir a todo el mundo que

te quiero. No quererte a escondidas como el que roba
peras.

LORENZO. (*Que ha estado distraído.*)—En ese baúl, ¿qué
es lo que tiene tu suegra?

CONSUELITO.—No me la nombres. Es una cerda. ¿Crees
que no sé que te tira los tejos?

LORENZO.—Podríamos descerrajarlo... si hubiera algo de
valor, nos íbamos antes a Orleans.

CONSUELITO.—¡No la quiere, qué bien, no la quiere! Esta
noche, cuando hayamos terminado, la abrimos. (*Abra-
zándole.*) Ay, Señor.

> (*Se oye fuera la voz de* HORTENSIA, *lla-
> mando a* CONSUELITO.)

HORTENSIA. (*Entrando de la calle.*)—¿Qué haces aquí?
Sal otro rato tú: que yo estoy muerta de los pies...
¿Y Cleo?

LORENZO.—Ahora vuelve. Me estaba afeitando...

HORTENSIA. (*Sospechando.*)—Ya lo veo, ya. Y tú, qué: ¿te
estabas lavando la cara?

CONSUELITO.—Sí, me la he lavado porque tenía calor.

HORTENSIA.—Y lo sigues teniendo, calentona. Pero enjuá-
gate bien.

> (*Le pasa con todas sus fuerzas una toalla
> por la cara.*)

CONSUELITO.—Ay, ay.

HORTENSIA.—El día que yo tire de la manta.

CONSUELITO.—Quien tira de la manta es quien está debajo.

> (*Desafío.*)

HORTENSIA.—¡Fuera! Que nos roban los regalos, mujer
adúltera. (*Sale* CONSUELITO.) Esta hija de la tal por
cual me va a hacer a mí perder la fe. Y tú que estás
más liso con ella que la pata un romano.

LORENZO.—¿Yo?

HORTENSIA.—Anda, pon cara de susto debajo del meren-
gue. Te lo advierto: yo, cuando soy mala soy malísima;
pero cuando soy buena, soy peor. Y tú me estás ha-

ciendo pasar el equinoccio. Tres meses llevas hurtán-
dome ese cuerpo, pero yo ya no me contengo... (*Se aba-
lanza a él.*) A rebatiña están tocando ya... (*Es de ad-
vertir que ni ahora ni después debe deducirse que* HOR-
TENSIA *esté enamorada de* LORENZO. HORTENSIA *está de
vuelta de todo, hasta de sí misma. Bromea, ríe. Si puede,
entre la broma, sacar algo, lo saca. Si no, mala suerte.*)
No te malgastes con esa mosca muerta de mi nuera,
Lorenzo: por tu bien te lo digo. Teniendo a la boticaria ahí, fresca todavía, y a doña Genoveva, tan
metida en sus carnes... y siempre listas a darte buenos
duros por jugar un ratito...

LORENZO.—Señora, señora...

> (*El también bromea a veces. Otras, no,
> porque teme.*)

HORTENSIA.—Sin exagerar. (*Ríen.*) Con los beneficios que
tú y yo podíamos sacarle a esta piel y a esta boca...

LORENZO.—Que va a volver su hijo.

HORTENSIA. (*Entre risas.*)—Que venga. ¿O es que él no
sabe cómo fui su madre? ¿Me quedé yo preñada con
un "ora pro nobis"? Ay, Lorenzo, que una sangre más
gorda que la tuya no la he visto en mi vida. (*Le da
un sobre.*) La mitad de lo que he sacado hoy de la
tómbola.

LORENZO.—Ya será menos.

HORTENSIA.—Por mis muertos... Cada día peor. Vaya idea
que tuvo la gazapona esa... Y tú con miramientos todavía, sin querer organizarte de una vez como Dios
manda... Qué ruina.

LORENZO.—¿Es que no me acuesto con quien usted me
dice?

HORTENSIA.—Sí, pero sin convicción, con demasiado tien-
to... lo que pasa es que tú no tienes vocación de chulo
ni muchísimo menos... Ay, con tu cuerpo y mi cabeza
adónde llegaríamos... En fin, ya se andará. A ver si
la penuria te ablanda el corazón. Porque si no... Sin
noticias de mi primo el de América. Sin noticias del
ministerio, y hace un mes que escribí a don Fulgencio...

LORENZO.—Pero, ¿usted cree que eso saldrá?

HORTENSIA.—No me llames de usté, leche. ¿No ha de
salir? Allí tengo vara alta. Don Fulgencio es director
general. A Cleofás no pude colocarle, porque escribía
jaculatorias en los estadillos, pero tú eres distinto.
Ay, barragana tuya hasta la muerte. Que enfiteusis,
Señor. Qué maravilla, dejar este claustro y volver a
poner piso como está mandado...

LORENZO.—Ay, Hortensia, que jaca está usted hecha.

HORTENSIA.—Que me llames de tú, Lorenzo. Que a la
parrilla como al Santo te voy a comer... Ay, que locura.

(*En la locura, entra* CLEOFÁS.)

CLEOFÁS.—El pobre no quería irse a acostar. Dice que por
qué tiene que predicar a horas fijas como si fuese un
cómico. Que él predica cuando le peta. Está incapaz.
No pasa de este mes.

HORTENSIA.—A cada cerdo le llega su San Martín.

CLEOFÁS.—Mamá.

HORTENSIA.—¿Quéeee?

CLEOFÁS.—Nada, que eso mismo pensarán de nosotros.
Presos terminaremos. En las cárceles de la Inquisición.
Y excomulgados.

HORTENSIA.—Jesús, cuánto achichirre.

CLEOFÁS.—He encontrado en la iglesia este papel. Lo ha-
brán pasado por debajo de la puerta.

HORTENSIA. (*Poniéndose el parche.*)—Pues yo, los anónimos
esos por donde me los paso es por debajo de la pata.
Esta mañana echaron uno: la copia de una denuncia
al obispado. "Denunciarnos, ¿de qué?" Como yo digo...
los envidiosos...

CLEOFÁS.—¡Por fin! Por fin esa denuncia. Tenía que ser
así...

HORTENSIA.—Como si quieren ir con el cuento al Nuncio.
¡Qué espada de Demóstenes!

CLEOFÁS.—Ya te estás apeando por las orejas otra vez...

HORTENSIA.—Me apeo por donde me da la gana. Y en
marcha si es preciso, ya lo sabes.

(*Amenaza velada. Para romper la tensión.*)

LORENZO. (*Señalando el papel.*)—¿Qué dice?

CLEOFÁS.—Parece una coplita o algo así. (*Lee.*) La sacristana es de hojuelas y el campanero, de miel. Sólo nos falta la mula que ya tenemos el buey. (*Pensativo.*) Que ya tenemos el buey. No entiendo a lo que se puede referir.

HORTENSIA. (*Con intención.*)—Yo, tampoco. ¿Y tú, Lorenzo?

LORENZO.—No sé. ¿Yo de miel?

CLEOFÁS.—Miel sobre hojuelas, ¿no?... No sé...

HORTENSIA.—Esta noche quedará todo claro.

CLEOFÁS.—Con qué música lo cantarán, me pregunto yo...

HORTENSIA.—Con la de la marcha real. Qué barrio. Qué lenguas. Tengo unas ganas de perderlos a todos de vista.

CLEOFÁS.—Como Dios no lo remedie, ya lo creo que vamos a perderles. Y de la peor forma. Porque lo que es don Remigio...

HORTENSIA.—Ay, qué machacón eres, hijo mío. Todo el día con el cambio de párroco a cuestas. Qué pronto se te viene el aparejo a la barriga. No se va a hundir el mundo por un párroco nuevo. Y que tan nuevo no será como para no saber por qué lado hay que entrarle. He conocido a muchos en mi vida.

(*Bebe un poquito de orujo.*)

CLEOFÁS.—Con la música de la marcha real no puede ser: no encaja.

HORTENSIA.—Prueba entonces con la del Himno de Riego. O con la del Gato Montés, que quizá le vaya más... (*Tararea.*) Qué horitas de afeitarse...

LORENZO.—Es que tengo turno de noche hoy y me pasan revista en el Ayuntamiento.

HORTENSIA.—¿A qué hora vuelves?

LORENZO.—A las seis.

HORTENSIA.—Ya sabes: me despiertas: que tengo mucho que hacer. Y no te desayunes por ahí. Desayunaremos juntos. (*Hacia fuera.*) ¡Consuelito! (*A* CLEOFÁS.) Vosotros, a la cama, que habéis tenido un día muy ajetreado.

Yo todavía estaré un ratito en la tómbola... El santuario no se rinde... Con el buen tiempo parece que esos puercos trasnochen algo más. (*Por la botella.*) Me llevo esto por si refresca o por si conviene convidar a alguien. Hay que entender las cosas del negocio. (*Bajo a* CONSUELITO *que entra.*) Con que la sacristana es de hojuelas, ¿eh?

(*Pellizco.*)

CONSUELITO.—¿No veis? Ya empieza.

HORTENSIA.—Ha sido sin querer. (*Bajo.*) Ya te daré yo hojuelas, suripanta... ¿Cómo es que vendes tan pocas papeletas en la tómbola? En todo el día no has hecho más que veintisiete pesetas con cincuenta céntimos.

CONSUELITO.—Ya he hecho más que usted, que sólo ha vendido cinco duros.

HORTENSIA.—Pero yo no voy vestida de Las mil y una noches.

CONSUELITO.—De las noches, mejor será no hablar, doña Hortensia: una está bien costeada.

HORTENSIA.—¡Bazofia!

(*Sale.*)

CLEOFÁS.—Pero qué mal os lleváis.

CONSUELITO.—Si por mí fuera, ni bien ni mal. Es ella la que me busca las vueltas.

CLEOFÁS.—Llevas tú una temporada, que no necesitas que te las busquen.

CONSUELITO.—Porque antes me teníais acomplejada entre tu madre y tú... y los niños del barrio, que son unos gamberros. Pero lo que es a la presente, tengo una seguridad en mi propia valía, que ya, ya...

CLEOFÁS.—Anda, vete poniendo... natural. (*Por la ropa.*) Que es muy tarde.

CONSUELITO.—Buenas noches, Lorenzo. Y buena guardia.

(*Sale por su dormitorio.*)

CLEOFÁS.—Qué inconscientes son las dos, Virgen Santa. No se dan cuenta de la gravedad de los asuntos. Son como niñas.

LORENZO.—Sí: pero unas niñas que saben mucho para su edad.

CLEOFÁS.—Sin hacerse cargo de nuestra situación. A dos pasos de la cárcel, y mira: insultándose sin saber por qué.

LORENZO.—Ellas a lo mejor sí lo saben.

CLEOFÁS.—Qué han de saber. Caprichos, repentes: como dos niñas pequeñas. Si no fuera por mí... y por ti, por supuesto...

LORENZO.—Eso sí que es verdad.

(Se levanta. Se enjuaga.)

CLEOFÁS.—En fin, Lorenzo, hasta mañana. Me alegro de tener en casa un amigo tan fiel.

LORENZO.—Nada, hombre, a mandar. Y que descanses, tú que puedes.

CLEOFÁS.—¿Poder yo? Sí, sí...

LORENZO.—Porque lo que es para mí... *(Con intención.)* Esta noche va a ser toledana.

CLEOFÁS. *(Que ha hecho un falso mutis, vuelve. Mientras CLEOFÁS está en la pileta, LORENZO se cambia por el uniforme lo que lleva.)* No hagas mucho estropicio con ese uniforme entre la gente que alborote esta noche. En este mundo todos somos buenos, ¿no te parece? Lo que pasa es que no sabemos bien lo que queremos.

LORENZO.—Hay quien sí.

CLEOFÁS.—Buenas noches, Lorenzo.

(Sale.)

HORTENSIA. *(Que ha estado espiando tras la cortina de la entrada.)*—Ay, qué piernas, ay qué pantorras. Ay, qué todo, Señor.

LORENZO.—Ay, qué petardo.

(Hace gestos referidos a CLEOFÁS.)

HORTENSIA. *(Muy alto.)*—No había nadie y he cerrado. *(Con intensidad, para que LORENZO la oiga.)* Tengo el estómago estragado de tanto aperitivo. Lampando estoy por comerme una buena fabada.

(Le abraza.)

LORENZO.—Que no llego y el sargento me tiene muy mal modo.

HORTENSIA.—Toma la llave y vuelve cuanto antes. (*Se la da. El sale casi huyendo.*) Ay, qué manera más fría de despedirse de quien tanto lo quiere.

LORENZO.—No me puedo olvidar de que es usted la madre de mi amigo...

HORTENSIA.—Razón de más para hacerme favores. A la vuelta te olvidarás de esos remilgos. (LORENZO *consigue escaparse y sale.* HORTENSIA *está un poco bebida.*) No le gusto. No le gusto... Sí le gusto, pero no se atreve. Ya te daré, ya te daré yo a ti acobardamientos. (*Abre el baúl con unas llaves que lleva al cuello.*) Son muchos años ya sin taconeo, sin cachondeo, sin contoneo, ay. (*A la botella.*) Dame confianza tú, compañera, que todas somos de la misma orden... (*Ante el baúl.*) Qué hermosura. Qué brillo. (*Con un frasco.*) El perfume... Se evaporó. El, que enloqueció a tanta cabeza bien plantada... Mal presagio. No, no. Lo que enloquece es la pasión, Hortensia, no los perfumes... (*Va a la repisa de la barbería.*) Aquí hay colonias... Añeja. (*La huele. La deja.*) Y tan añeja, qué asco. Esta... Esta es más suave... Un poco en los sobacos... En el escote... Qué frescor, mamá Concha... (*Por* LORENZO.) A la vuelta lo venden tinto. A ver quién gana ahora. (*Sale llevando unas ropas hacia su dormitorio. En seguida se abre la puerta de la calle. Es* LORENZO *que cruza hacia el campanario. En cuanto desaparece sale* CONSUELITO *de su dormitorio, ve abierto el baúl, lo mira brevemente y entra en el retrete. Aún no lo ha hecho del todo, cuando asoma la cabeza* HORTENSIA *con gran fugacidad. Por fin le toca el turno a* CLEOFÁS. *Cuando éste cierra su puerta, sale* CONSUELITO *del retrete, la vuelve a abrir y entra. Entonces baja* LORENZO *con una campana mediana que transporta con esfuerzo. La deposita cerca de la puerta de la calle. Del bolsillo saca una palanqueta de hierro y un martillo envuelto en paños. Alejando el estandarte que, en esta segunda parte, ocultaba casi la tumba de doña Leonor, comienza a ahuecar sus junturas. Aparece, cautelosa,* HORTENSIA, *vestida de mujer alegre de los años*

treinta, con boquilla y a medios pelos. Al llegar a la
altura de LORENZO, *le toca en el hombro. Se vuelve,*
asustado, probablemente por la tumba.) Soy doña Leonor, la fundadora.

LORENZO.—Jesús, María y José.

HORTENSIA.—¿Qué tal, vida?

LORENZO. (*Asustado esta vez por* HORTENSIA.)—Jesús.

HORTENSIA.—¿Otra vez por aquí?

LORENZO.—Me dejé la gorra...

HORTENSIA. (*Dando un papirotazo en la campana, que sue-*
na.)—Qué gorra más extraña lleva la poli ahora... (*Pa-*
ra tranquilizar a LORENZO, *que tiene mucho por qué te-*
mer y lo sabe.) La de pretextos que inventáis los hombres para caer en nuestros brazos... (*Los extiende.*) ¿Te
da igual que vayamos a medias en lo de la campana?
(*Sin esperar contestación.*) Decídete, que se me están
durmiendo. (*Lo dice por los brazos. En efecto,* LORENZO
se acerca, si bien desconfiando.) ¿Qué hacías, mal amigo? ¿Pedir la blanca mano de doña Leonor?

> (*En toda esta escena juega con* LORENZO
> *como con un ratón.*)

LORENZO.—No. Yo... curioseando.

HORTENSIA.—Con razón veía yo la argamasa removida
cuando venía de noche a removerla yo... "Qué ratas
tan amables", pensaba. ¡Chicas ratas! Un hijo como tú
me hubiera a mí tocado y sería ahora mismo reina de
España... Si no me habías degollado antes, claro. La
esperanza de mi vejez y vienes tú, con tus manos lava-
das, a llevarte los anillos...

LORENZO.—Pero ¿no meneaba usted también la losa?

HORTENSIA. (*Sin contestar.*)—Dándote comisión de todo lo
que gano y tú haciendo negocios (*Señala la tumba y la*
campana.), a mi espalda.

LORENZO.—Oiga, ¿no le dan a usted parte la boticaria y
Genoveva y Dolores y soy yo quien trabaja?

HORTENSIA.—Yo te las busco. Si no fuera por mí, que te
presento en bandeja de plata... (*Se sienta. El va a ha-*
cerlo.) Sigue, violador de sepulturas. Vamos a desemba-

razar a doña Leonor, la pobre así podrá esperar la resurrección mejor dispuesta... (*Medio soñadora, medio
infame.*) También yo tengo historia como ella. (*Mientras* LORENZO *trabaja en la lápida.*) Empecé por ser
Horty. Mis veraneos en San Sebastián, mis cresatenes,
mi marraquismo. Todo se fue al hoyo de pronto: la guerra nos dejó a todos con las patas colgando. Y eso que
fue civil, si llega a ser militar... Entonces me llamaron
la Negocia. Hubo que hacer a pelo y a pluma. Hasta
portar alijos de Gibraltar, que no sé por qué ahora se
hace tanto ruido con ese pueblo; le tengo una manía...
Pero sigue hacia el año cincuenta, mi nombre era "Hortensia, la Antibiótica"..., después ya fui Madame Hor-
tense, con mi casa de niñas... No hagas ruido.

LORENZO.—Cleofás me contó que usted tenía un pensiona-
do de señoritas.

HORTENSIA.—Y no te dijo que era un noviciado de ursuli-
nas porque no le alcanza la imaginación. ¿A quién habrá salido este pazguato?

LORENZO. (*Riendo.*)—A su padre, será.

HORTENSIA.—Naturalmente que a su padre. Por eso me
pregunto que a quién habrá salido..., la casa no iba
mal. Hasta el decreto despiadado, que nos hizo a todas
decentes por ministerio de la ley. Nos arrolló el ins-
truismo, la competencia de las aficionadas. Yo perdí la
alegría de vivir. (*Bebe, en cambio, de la botella que lleva.*) Cuidado con el escándalo que forman los del cine...
(*Es cierto que en esta escena se oye la banda sonora de
un western.*) Vas a coger ya el sueño y te descargan en
plena sien una ametralladora. Qué ganas de matarse...
(*Sigue el relato, después de otro trago.*) Me transformé
en esto: en doña Hortensia. Pero estaba hasta más arriba del moño, te lo juro. Y llegas tú, charrán, por las
traseras: tan de los míos, tan sin darme tiempo a nada,
en pleno invierno... ¡Ay! Se me ha puesto de pie la
juventud. De pie, como esa muerta... Bebe conmigo. (*Se
acerca a él.*) ¿Tú has oído hablar de las rosas del
otoño?

(LORENZO *niega.*)

LORENZO.—De las rosas del qué...

HORTENSIA.—Está visto: delicado no eres... (*Cambia de tono.*) Una vida sin esta peste a incienso, no aspiro a más.

LORENZO. (*Por la losa.*)—Ya está..., écheme usté una mano. Aquí... Vamos. Despacio. A la una, a las dos...

HORTENSIA. (*Solemne.*)—¿Nos iremos con el tesoro de esta cueva? ¿Sí?

LORENZO.—Sí, señora.

HORTENSIA.—A las tres. (*Dejan vencerse la losa, tras la que cae una momia sin ataúd.*) Que se me viene encima... (LORENZO *deja caer la losa y la enterrada.*) Ay, qué susto, Lorenzo..., creí que me agarraba. (*No sabemos si habla en serio o no.*) Bien... ¿Qué tiene? ¿Qué ves?

LORENZO.—Nada.

HORTENSIA. (*Inclinándose.*)—Huy, la condesa, qué manera de hundirse. Está deshecha, ¿eh? Es que son muchos años... ¿Dónde están los collares?

LORENZO.—Aquí no hay más que polvo y una correa de hábito.

HORTENSIA.—¿Lo ves? Así era todo: por fuera las alhajas y por dentro la podre. De aquellos lodos vienen estos polvos... ¿Y qué hacemos con tanta porquería?

LORENZO.—Se podrían vender los huesos como santas reliquias.

HORTENSIA.—Ya nadie quiere de eso. La lápida, sí..., hablaré con don Juanito, un marica anticuario. Tiene la casa como una sacristía, qué asco... Esconde la carroña.

LORENZO. (*Al hacerlo.*)—Aquí hay un libro. (*Se inclina a recoger algo que ha caído del libro.*) Y un papel... Con un verso.

HORTENSIA.—Para versos estamos.

LORENZO.

Muerte infeliz, que al mundo desarbola,
arrastrará tu cetro por sus lodos
y borrará tu nombre de esta bola.
Es más fácil, España, en muchos modos
que lo que a todos les quitaste sola
te puedan a ti sola quitar todos.

HORTENSIA.—Pues sí que a ti se te podía quitar nada, lucero: muerta más sosa... Y encima amenazando, ¿no te digo? Qué condesa más borde... Arza pa dentro otra vez, Leonor Carrillo, poquita cosa... A esperar que te llamen. (*Suben la losa. La cubren con el estandarte.*) Hijo, cuánto trabajo para nada. No dan de sí, no, las postrimerías. Ven, que me vuelve la tiritera. (*Va hacia el diván.* LORENZO *la lleva con una mano sobre su hombro.*) ¿No tienes mejor sitio donde poner la mano? Así... Ay, qué animada estoy. Esto es vivir y no los jubileos de las cuarenta horas... A mí la muerte me emborracha.

LORENZO.—Y el orujo.

HORTENSIA.—Mentira. No he bebido. (*Está con la cabeza alta y los ojos cerrados.*) ¿No ves que he cerrado los ojos? ¿A qué esperas? (*Se ríe.*) Que para ti no es nada y para mí es muchísimo... (*Con los ojos cerrados.*) Ay, que me va a dar algo.

CONSUELITO. (*Aparece en su puerta. Le tira a* HORTENSIA *una zapatilla.*)—¡Le dio!

HORTENSIA. (*Abre los ojos. Se levanta. Disimula muy mal.*) Yo soy sonámbula. ¿No lo crees? Sonambulísima... Y esto... (*Por su traje.*) Esto es un camisón...

CONSUELITO.—Pues qué camisón más raro. Parece enteramente un traje de furcia del año de la pera.

HORTENSIA. (*A la descubierta.*)—¿Qué pintas tú aquí, cochambrosa, corroída de envidia? Lorenzo, expúlsala de nuestra alcoba. A tu marido se lo contaré. Yo soy libre, ¿te enteras? Viuda de toda la vida. Libre de ir y venir y de acostarme con quien se me antoje...

CONSUELITO.—Si se deja. Eso no es cosa mía. Yo vengo a vomitar, que es lo mejor que una puede hacer en esta casa. (*Al pasar, cubre la jaula del jilguero con un paño.*) Tú no mires, "Tarsicio".

(*Entra en el retrete.*)

HORTENSIA.—Defiéndeme, Lorenzo. Estoy deshonrada. Di tú algo, que yo estoy oxidada; con la lengua que yo tenía, que daba horror oírme. Di algo, auxíliame, ay. (*Se deja caer sobre* LORENZO, *pero él se retira y se da la gran costalada contra el diván.*) ¡Ay!

LORENZO.—¿Se ha hecho usted daño?

HORTENSIA.—Ay, qué mala me he puesto. Ay, qué mareo.
Ay, qué sudores fríos... Dile a esa arpía que salga del
retrete, que voy a pasar yo. (*Se levanta.*) Qué fin de
fiesta.

> (*Sale* CONSUELITO. *Se acerca* HORTENSIA, *pe-*
> *ro va a pasar de largo.* CONSUELITO *la coge y*
> *la empuja dentro.*)

CONSUELITO.—Por aquí, borrachona. (*Cierra la puerta.*)
Ayúdame. (*Va al baúl. Lo revuelve.*) Sus antepasados...
Sus reliquias. Un almacén de zorra vieja. Vamos. (*Lo*
cogen entre los dos.) Allí. (*Lo llevan ante la puerta del*
retrete.) Y ahora, la campanita, que no sé qué hace
aquí... Ponla encima. (LORENZO *obedece.*) Doña Hortensia, vomite a gusto, que está todo ordenado: cada cosa
en su sitio y usté en el que merece. (*Se lanza sobre* LO-
RENZO.) De buena te he librado, amor de mis entrañas.

LORENZO.—Vaya nochecita...

CONSUELITO. (*A* HORTENSIA, *que golpea la puerta.*)—Cálle-
se usted, que va a despertar a su hijo y valiente dis-
gusto se iba a llevar el ángel mío. (*Lo dice completa-*
mente en serio.) Si esa pelandusca tiene un baúl, yo
tengo una cajita. Nadie la ha visto, pero ya es hora de
que te la enseñe. (*La busca por alguna parte.*) Todo lo
mío está guardado aquí... (*Con intención.*) Bueno, todo
ya no. (*Enseña una foto.*) Mira, yo a los seis meses.
(*Ante el silencio del otro.*) Qué graciosa...

LORENZO.—¿Esto?

> (*Sin mucho interés, esa es la verdad.*)

CONSUELITO.—No; eso es el almohadón. Yo soy lo que hay
encima desnudito, ¿me ves? (*Cambiándose.*) Bueno,
ponte a este lado, porque con ese oído no te enteras de
nada y no vamos a ponernos a pregonar... A mí estas
escenas de amor cuchicheadas no me gustan ni pizca,
pero ya tendremos tiempo de gritar en Orleans... Esta
muñeca se llama Marga. (HORTENSIA, *angustiada, grita.*)
Le falta un ojo, pero lo tiene dentro. (*La sacude.*) ¿Lo

oyes? Tú qué vas a oír. Este libro de cuentas me lo re-
galaron cuando cumplí seis años... Todavía no he con-
seguido terminarlo. En Orleans lo terminaré... Mira, los
lazos de mis trenzas. Te regalo uno.

LORENZO. (*Con cierto asco.*)—¿Para qué sirve esto?

CONSUELITO.—Guárdalo. Traerá suerte... El día que me
las cortaron lloré mucho. Más que cuando me casé. Me
dolían las puntas de las trenzas. Y ya no las tenía. Con
estos papelitos de colores me pintaba la cara... Tenía
la piel de color chochomona: qué fea... Y me pintaba.
Con el colorado, los carrillos. Con el azul, los ojos. Estaba más bonita...

LORENZO.—Parece que te estoy viendo.

CONSUELITO.—En Orleans no los necesitaré.

LORENZO.—¿Y este indio, quién es?

CONSUELITO.—Ese indio es mi madre, vestida de pitonisa...,
estas conchitas son de una vez que fuimos a comer a
la playa...

HORTENSIA.—¡Abridme!

CONSUELITO.—¡Silencio! Ibamos tan contentos los tres. Mi
madre, mi padre y yo... A la hora de comer, de repente,
nos cayó el chaparrón más grande que he visto yo en
mi vida. ¡Qué vergüenza! Con decirte que se nos deshi-
zo la tortilla. Mi madre, en lo del tiempo, profetizaba
mal. Me acuerdo que mi padre le fue pegando pescozo-
nes hasta que llegamos a techado. Al día siguiente, ama-
neció él con pulmonía. Le estuvo bien: eso pasa por
pegarle a una mujer.

LORENZO.—¿No sería por el remojón?

CONSUELITO.—Puede, ahora que lo dices... ¿Te aburres
conmigo, Lorenzo?

LORENZO.—Qué disparate. Estar contigo es distraído.

CONSUELITO.—Gracias... Mi saltador.

(*Salta a la comba.*)

LORENZO.—Ssssch. No hagas ruido.

CONSUELITO.—Sssh. Es verdad. (*Como una niña.*) Vámonos a Orleans, Lorenzo, aquí no puedo usar el saltador.

LORENZO.—Sí, es el momento de irse... No se debe matar
a la gallina de los huevos de oro...

CONSUELITO.—¿Qué huevos son esos?

LORENZO.—Nada. Mañana hay que salir.

CONSUELITO. (*Casi entristecida.*)—¿Mañana ya?... Si quieres, esperamos... Si lo haces porque yo salte a la comba... Ahora no debo hacer ejercicios violentos... (*Vuelve a sentarse.*) Voy a decirte la sorpresita de antes. ¿Sabes dónde la guardo? (*Señalándose el vientre.*) Aquí.

LORENZO. (*Horrorizado.*)—¿Qué?

CONSUELO.—Aquí, Lorenzo: vamos a ser padres.

LORENZO.—¿Tú y yo?

CONSUELITO.—No. Yo, madre. Por eso ando estos días tan vomitona... ¿No te alegras? ¿Es que has perdido el habla?

LORENZO.—Sí; he perdido absolutamente todo el habla.

CONSUELITO.—Yo creí que lo ibas a tomar de otro modo. Claro, que de alegría hay mucha gente que se queda muda. Qué bien, ¿verdad? ¡Qué buen padre eres! (*Toma la mano de él, se la lleva a su vientre.*) Aquí tu padre. Entérate luego, no te armes líos... Aquí tu hijo, Lorenzo tiene los ojos más grandes, pero es clavado a ti... Nacerá en Orleans. Tú tocarás al alba y yo estaré dando a luz cerca de las campanas. El niño se asustará con tanto alboroto, pero yo le diré (*Se ha quedado con el muñeco en los brazos.*): "Calla, calla, es tu padre, que tiene esa manera de ponerse contento". Nos pasearemos del brazo empujando el cochecito. Se llama Cleofás. Si no te importa. Mi marido era bueno... De todas formas, por si te molesta, yo lo llamaré Sultán... Y va en el cochecito señalando las nubes, porque él quiere ser artista como su padre. Tú le irás enseñando... Como a mí... En Orleans todo es distinto...

LORENZO.—Pobre mujer.

(*Con algo de ternura.*)

CONSUELITO.—Pobre, no. Me llevaré mi caja. Me llevaré mi niño puesto... Pobre, no. (LORENZO *le pasa una mano por el hombro, compadecido o atraído.*) "Calla, calla: que no es la guerra, tonto. La guerra suena de otra forma. Toca tu padre las campanas para que tú te rías;

tú les haces pucheros... Cállate". (*Ternísima. Y comienza a cantar una nana.*)

> Campanero es tu padre;
> yo, trapecista,
> y sacristán tu tío
> que canta en misa.
> Viva mi niño,
> con el toque del alba
> se me ha dormido.

(LORENZO, *vencido por ese algo especial de* CONSUELITO,
la abraza.) Ahora no, Lorenzo, ahora no. ¿No estás
viendo que acaba de quedarse dormido?

> (*Y dulce, ridícula, maravillosa, acunando al
> muñeco, ante el asombro de* LORENZO, *se in-
> troduce en el dormitorio de* CLEOFÁS.)

O S C U R O

ACTO TERCERO

(Consuelito, *sola, limpia activamente el polvo. Al llegar a su silla se sienta, la acaricia un poco, la besa; se despide.*)

Consuelito.—Tarsicio, guapo, hoy me voy a Orleans. ¿Por qué no cantas?

(*Entra de la iglesia* Cleofás. *La mira silencioso un momento. Viene con algunos candelabros.*)

Cleofás.—Buenos días.

Consuelito.—Saliste muy temprano esta mañana. No te oí levantarte, ¿dónde fuiste?

Cleofás.—Al río. Paseé por la orilla. Estaban los juncos mojados. Mira cómo vengo... Y el día estaba quieto, más claro. He estado pensando en muchas cosas...

Consuelito. (*Que ha ido a por unas zapatillas y se las alarga.*)—Toma. Y trae que te seque esos zapatos, que luego deja cerco la humedad. (*Lo hace.* Cleofás *se pone la sotana. Se sienta y limpiará los candelabros.*) ¿Por qué no me llamaste? Con lo que a mí me gusta ir al río.

Cleofás.—Allí te vi la primera vez. Tú no te acuerdas. (Consuelito *se detiene unos segundos, de espaldas, atenta, sin querer estarlo.*) Iba buscando yerbas de olor para el Monumento del Jueves Santo. Tú estabas, sentada, hablando sola, con los pies dentro del agua.

Consuelito.—No estaba hablando s o l a . Hablaba con Marga.

Cleofás.—Por Marga no quise despertarte esta mañana. La tenías abrazada igual que una niña chica.

Consuelito.—Ya no se llama Marga. Es un muñeco, no

una muñeca. Se llama... (*Se detiene a tiempo de no decir el nombre.*) Bueno, yo lo llamo Pirri..., siendo ya mayorcita tuvo un gato que se llamaba Pirri. No quería a nadie más que a mí. Un mes de enero desapareció. Volvió mucho después, echando sangre por todas partes: reventado yo creo. Volvió para morirse.

CLEOFÁS. (*Comenzando una serie de réplicas paralelas.*)— Los paños del altar de Santa Engracia están llenos de polvo.

CONSUELITO. (*Con las manos sobre el vientre.*)—Pirri se llamaba también... Era yo mayorcita...

CLEOFÁS.—Habrá que lavarlos uno de estos días.

CONSUELITO.—Una noche fuimos a la verbena de San Pedro y me compraste media docena de claveles. Todavía los tengo.

CLEOFÁS.—El coro está lleno de telarañas. Mañana vamos a coger una mesa y la escoba y hacemos zafarrancho, ¿quieres?

CONSUELITO.—"Si algún día me entero de que me engañas —me dijiste—, te pego un tiro y después me pego yo otro". Yo me lo creí, y luego ni tiro ni nada.

CLEOFÁS.—Esta vez calzaremos bien la mesa, no vaya a pasar lo que en noviembre..., cuando te caíste encima del órgano. Sonó tan fuerte, que se desprendieron tres metros de cornisa...

CONSUELITO. (*Que ha llegado limpiando a la mesa.*)—Esta chaqueta habrá que guardarla. Ya no va a hacer más frío.

CLEOFÁS.—Mañana o pasado, ¿qué prisa tienes?

(*Se miran unos instantes.*)

CONSUELITO.—Mañana... (*Poniéndole sobre las rodillas un paño.*) Las manchas de ese limpiametales no hay quien las saque después... Ah, tu sotana es mejor cepillarla con un cepillo mojado en agua de té calentita, ¿te enteras? Yo siempre lo he hecho así. (*Va a limpiar la jaula.*) Es mío, ¿no?

CLEOFÁS. (*Levanta los ojos.*)—Fue lo único que trajiste cuando nos casamos...

(*Queda recordando.*)

CONSUELITO. (*Levanta los ojos.*)—Voy a soltarlo, me parece. En la jaula no puede ser feliz. Que se vaya por ahí él también.

CLEOFÁS. (*Bajito.*)—¿También?

CONSUELITO.—Que se busque la vida como Pirri, como todos. Adiós, Tarsicio. Vete, Tarsicio. (*Abre la jaula.*) El alpiste no sirve para nada, Tarsicio. Hay muchas cosas que están por encima del alpiste... Egoísta, cerdo, tragón. Si no te diera nadie de comer, ya verías cómo te ibas a buscarlo.

CLEOFÁS.—A lo mejor se queda, porque... quiere a su jaula. Hay mucha gente así. (CONSUELITO *sufre un pequeño mareo.*) ¿Qué te pasa, Consuelito?... (*La sienta en su silla.*) Si estás sin parar de un lado para otro...

CONSUELITO.—Es que hoy quería limpiar bien la casa antes de... abrir la tómbola...

CLEOFÁS.—Ya se acabó la tómbola. Mañana la desmontaré. No la necesitamos.

CONSUELITO.—Te ayudaré a ti.

> (*Limpia candelabros, tomando el limpiador del mismo frasco que* CLEOFÁS.)

CLEOFÁS.—¿Y mi madre?

CONSUELITO.—Fue al mercado.

CLEOFÁS.—¿Y... Lorenzo?

CONSUELITO.—No sé. Salió.

CLEOFÁS.—¿Llevaba una campana?

CONSUELITO.—No me fijé.

CLEOFÁS.—¿No te fijaste si llevaba una campana?

CONSUELITO.—Yo la vi desmontada, aquí.

CLEOFÁS.—Tenía el yugo flojo. Le mandé que la llevase a componer.

CONSUELITO.—¿Se lo mandaste tú?

> (*Sus manos se rozan al querer tomar los dos el limpiador a la vez. Se miran.*)

CLEOFÁS.—No. No tenía flojo el yugo. Y no le mandé nada... En el fondo, lo único importante es que tenemos que morirnos. El caso es esperar la muerte un poco acompañados. No hay que hacerse ilusiones...

CONSUELITO.—Ha c r e í d o que le estaba gastando una
broma.

CLEOFÁS.—¿Quién?

CONSUELITO.—Tarsicio. Ha creído que le iba a cerrar la
puerta cuando fuese a salir.

CLEOFÁS.—Eso nos pasa a todos... Nos escapamos, casi,
algunas veces. Pero alguien que está del otro lado termina siempre por darnos con la puerta en las narices...
Lo más que hacemos es pasar de una jaula a otra jaula
más grande.

CONSUELITO.—Hay hechas trescientas quince estrellas. Pero a setenta y dos les falta la ráfaga...

CLEOFÁS.—No te preocupes de eso.

CONSUELITO.—Es que una estrella sin ráfaga, da mucha
pena verla...

> (Desde la calle entra HORTENSIA, en pleno
> rapto de furor.)

HORTENSIA.—Me duele la cabeza. Que nadie me diga nada,
porque le doy un bufido. Tengo aquí, en el occipucio, un
solideo morado. Como un obispo. Ay. (Pausita.) Que
nadie vaya a decir media palabra, ¿eh?... Bueno, ¿de
dónde ha sido tanto candelabro?

CLEOFÁS.—De la cripta. Los tenía yo guardados bajo llave.

HORTENSIA.—Pues no sé a qué venía esa desconfianza...
¿Para qué quiere nadie un candelabro? A ver.

> (Toma uno.)

CLEOFÁS.—Por si las moscas...

HORTENSIA.—Ignoro a qué moscas te refieres, pero no me
gusta ese tono de voz, y en prueba de ello, toma. (Le da
una carta.) Disfruta. Es de la monjita esa argentina.

CLEOFÁS.—"Distinguida señora: Siento mucho tener que
comunicarle que su primo Sabas Laguna descansó en el
seno del Señor hace cinco días. Requiem aeternam do-
na eis. Domine".

HORTENSIA. (A su pesar.)—Et lux perpetua luceast ei, ¡sigue leyendo!... El escándalo que estará armando en el
seno del Señor, el sinvergüenza ese.

CLEOFÁS. (Lee.)—"Nosotras hemos hecho lo que estaba a
nuestro humilde alcance para aliviar sus últimos mo-

mentos. No es que exijamos un pago por ello. Nuestra orden tiene por misión cuidar *a enfermos desahuciados desprovistos de medios.* (*Sorpresa.*) Pero como su primo nos comunicó que usted se encuentra en una brillante posición económica y nos hizo elogios de su caridad..."

HORTENSIA.—Esa monja comulga con ruedas de molino.

CLEOFÁS.—"Nos atrevemos a solicitar una limosna para nuestro hospital, en memoria y remedio del alma de su primo Sabas Laguna, que tanto la quería".

HORTENSIA.—¡Toma del frasco! ¡Vaya un tío de América! Si no me doliera tanto la cabeza, se iba a enterar ahora mismo el alma de mi primo Sabas Laguna, por muy en el seno del Señor que estuviese, lo que pienso de él. Habráse visto...

CONSUELITO. (*A* CLEOFÁS.)—Cuando quites los paños morados el día de Resurrección, no los guardes sin antes sacudirlos.

HORTENSIA.—He dicho cien veces que no quiero que me hable nadie.

> (LORENZO, *vestido de guardia, aparece en la puerta de la calle. Al ver a los otros tres quiere retirarse y lo hace, pero* CLEOFÁS *lo había visto.*)

CLEOFÁS.—Buenos días, Lorenzo.

LORENZO. (*Entrando.*)—Buenos días, ¿qué tal se ha descansado?

HORTENSIA.—¡Descansar! Descansar en esta casa va siendo muy difícil.

LORENZO.—¿Cómo?

> (*Cazurro todavía, con la mano en la oreja.*)

HORTENSIA. (*Gritando.*)—¡Que muy mal! (*Dañada por su grito.*) Ay, mi cabeza.

LORENZO.—Yo... creí que a esta hora... no iba a haber nadie aquí...

CLEOFÁS.—Ya, ya me lo figuro...

LORENZO.—Y está el pleno.

> (*Echándolo a buena parte.*)

CLEOFÁS.—Te estábamos esperando.

LORENZO. (*Asustadillo*.)—¿A mí? ¿Por qué?

CLEOFÁS.—Porque quería que oyeras una carta que manda el obispado.

(*A* HORTENSIA.)

HORTENSIA.—Hoy es día de cartas...

CLEOFÁS.—La firma el secretario. (*Abre un papel*.) Dice así: "En nombre del señor obispo, tengo a bien poner en su conocimiento que, conforme a su solicitud —está dirigida a don Remigio— queda usted relevado de su oficio de párroco por razones de edad y de salud, siendo sustituido por don Manuel Castresana Ruiz, quien tomará posesión de la parroquia el próximo sábado, día siete de los corrientes".

HORTENSIA.—Lo que faltaba para el duro. Esto es el sálvese quien pueda. ¿Te das cuenta, Lorenzo? Lo que yo te decía...

LORENZO.—¿Y qué piensas hacer?

CLEOFÁS.—No he terminado. (*Lee*.) "Asimismo, el señor obispo ha decidido que Lorenzo Gutiérrez, campanero de esa parroquia, sea ascendido, en virtud de sus méritos, a campanero mayor en la antigua catedral de Orleans"... ¿Comprendes?

LORENZO. (*Baja los ojos*.)—Sí.

HORTENSIA.—¿A Orleans? Pero ¿qué barullo es ése? Estoy segura de que no he oído bien. Ahora soy yo la sorda. Debe ser mi cabeza.

CONSUELITO.—A Orleans..., a Orleans... (*A* CLEOFÁS.) ¿Por qué no lo dijiste antes?

CLEOFÁS.—No estaba decidido todavía. (*Mirando a* LORENZO.) Hasta hoy mismo dudaban en el obispado si mandar a Orleans a Lorenzo o a mí.

HORTENSIA.—¿A ti? Y pensábamos que don Remigio estaba como una cabra. Comparado con el obispo, es Ramón y Cajal. En fin, tendré que hacerme a la idea de Orleans. Viva el turismo...

CLEOFÁS.—¿Cuándo te vas?

LORENZO.—Pues..., yo creo que ahora mismo..., si te parece.

CLEOFÁS.—Sí, cuanto antes. Estas cosas, cuanto antes.

LORENZO.—Tengo la maleta hecha.

CLEOFÁS.—Ya la vi esta mañana. Pero se te olvidó meter las cosas de afeitar...

HORTENSIA.—Espera un poco, Lorencito, hijo. Yo no sabía nada. Espera un poco. (*Yendo hacia su cuarto.*) Me ha cogido todo así, tan desprevenida...

> (CONSUELITO *busca su cajita. Guarda la muñeca. Se interpone reiteradamente en los movimientos de* LORENZO, *que va a la repisa de la barbería, toma sus avíos, los guarda en la maleta, siempre con la vista baja. La maleta la saca de debajo del diván. Se quita la chaqueta del uniforme. La guarda y se pone la de paisano.*)

CLEOFÁS.—Enhorabuena por el nombramiento.

HORTENSIA. (*Sale* HORTENSIA *con un envoltorio hecho rápidamente que guarda en su baúl.*)—Este es mi equipaje, Lorenzo. (*El no la atiende.*) Esta es mi arca, Lorenzo. (*Cierra la maleta* LORENZO.) Te digo que ésta es mi arca.

CLEOFÁS.—Ya lo ha oído, mamá.

> (*Va a salir* LORENZO. CONSUELITO *se interpone en la puerta.* CLEOFÁS *la aparta con delicadeza.*)

CONSUELITO. (*No sabemos a quién lo dice.*)—Voy a tener un hijo.

CLEOFÁS.—Lorenzo ya lo sabe, Consuelito... Y se alegra mucho. ¿Verdad, Lorenzo?

> (LORENZO *hace un gesto vago y avergonzado.*)

HORTENSIA.—¿Qué es esto? Lo sabía. No quería saberlo, pero lo sabía. Se han reído de mí. Otra vez se han estado riendo de mí. Detenlo, Cleofás. Se lleva nuestro dinero. Se lo lleva todo.

CLEOFÁS.—Cálmate, mamá. Te duele la cabeza.

HORTENSIA.—Se lo he dado yo. Yo se lo he dado...

CLEOFÁS.—¿Por qué le ibas tú a dar dinero a Lorenzo? Adiós y muchas gracias... por habernos hecho a los tres tanta compañía. Nos ha servido de mucho que vinieras. Adiós.

(*Sale* LORENZO.)

CONSUELITO. (*Con un hilo de voz, sentándose en su silla, de espaldas a todos.*)—Lorenzo... Yo iba a irme a Orleans.

HORTENSIA. (*Dejándose caer en el diván, dispuesta a hacer una escena.*)—El amor llega demasiado tarde y se larga demasiado pronto: siempre pasa lo mismo.

CLEOFÁS. (*Volviendo a sus candelabros.*)—El amor no es más que envejecer juntos. Lo demás son guarradas.

HORTENSIA.—Sí, sí, guarradas... (*Escéptica en eso.*) ¿Qué va a ser de mí? ¿Qué haré mañana? ¿Y pasado mañana? ¿Y dentro de treinta años?

CLEOFÁS.—Dentro de treinta años estarte quietecita. Como doña Leonor. Hasta entonces, lo que todos: empezar cada día.

CONSUELITO.—En Orleans las casas son de colores alegres. Se sonríe la gente y va despacio mirando escaparates...

CLEOFÁS.—Orleans es mentira.

(*Repite algo que alguien le ha contado.*)

CONSUELITO.—Siempre es verano. Los árboles son altos y dan flores azules. El me había dicho que el amor, en Orleans...

(*No puede continuar.*)

CLEOFÁS. (*Acercándose a ella que sigue sentada de espaldas.*)—En Orleans no lo hay. El amor es decir de una vez sí y tirar para alante.

HORTENSIA.—Hablando de amor ellos, ¿no te joroba?

CLEOFÁS. (*Se levanta* CONSUELITO.)—¿Qué haces?

CONSUELITO.—Las ráfagas para las setenta y dos estrellas...

CLEOFÁS.—Ya tendrás tiempo. (*Ella niega con la cabeza.*) Necesito pedirte perdón.

HORTENSIA.—Ay, a mí. A mí es a quien tenéis todos que pedirme perdón.

CLEOFÁS.—Esta mañana he estado a punto de huir. De seguir río abajo y no volver más...

CONSUELITO. (*Se ha vuelto a sentar.*)—En Orleans todos son guapos, listos.

CLEOFÁS.—Orleans es mentira.

(Vuelve ligeramente la cabeza.)

CONSUELITO.—Y la felicidad es como un café con leche, que se toma y no te acuerdas más. En Orleans, al llegar, nos ponen un niño chico en brazos...

CLEOFÁS.—Orleans es mentira. Soñando no se puede ser feliz. Sólo se hace perder días de vida: mala o buena; de vida. La felicidad es un trabajo: esta mañana lo he sabido. Cómo hacer una casa, cómo criar un niño que muerde el pecho, que patea, que se orina y nos da malas noches... ¡La felicidad! Hay que abrir bien los ojos, no cerrarlos: estar muy bien despiertos. Y así y todo, así y todo...

HORTENSIA. (*Porque no le hacen caso.*)—No sé de qué me habla este recicho.

CLEOFÁS.—No te hablo a ti, mamá: tú no tienes remedio.

HORTENSIA. (*Más humana.*)—Yo he vivido tiempos, en que me trajo al fresco la felicidad. Lo mío era vivir. Y mírame...

CONSUELITO.—No nos gustaba nuestra vida, igual, día por día. En Orleans íbamos a ser otros.

CLEOFÁS.—Nosotros somos éstos. Nos decían: "Y la princesa se casó con el príncipe". No hay príncipes. Todo tiene su precio, y hay que saber pagarlo.

CONSUELITO. (*Que ha partido una ráfaga.*)—No nos gustaban estas manos de queso. Que todo lo rompían... Me engañaron. (*Se incorpora. Deja caer la estrella.*) La vida no nos engaña nunca: está ahí. Nos engañan los sueños. "Procul recedant somnium".

HORTENSIA.—Por mucho latín que sepas, a ti lo que te pasa es que eres de izquierdas.

CLEOFÁS.—A mí lo que me pasa es lo que a todo el mundo: que no quiero quedarme solo.

HORTENSIA.—Déjate de sandeces. Yo sólo sé que tengo un pie en la tumba fría y se han reído de mí. Maldita carta, si no fuese por ella, no me habría enterado por lo menos. (*Va a romper la carta que* CLEOFÁS *dejó sobre*

la mesa.) ¡Dios mío! ¡Esta es tu letra! ¡La has escrito
tú! Este papel no es el del obispado. Ya me extrañaba
a mí esa murga de Orleans... ¿Qué has hecho? ¡Imbécil!

CLEOFÁS.—Es igual. Iba a irse: lo que he hecho es abrirle
la puerta para que no tuviera que huir por la ventana.
Los arribistas siempre son así: pescan a río revuelto.
Si cambia la corriente se mudan de chaqueta. Su oficio
es aprovecharse del miedo de los otros, de su debilidad.

HORTENSIA. (*Que ha estado cogiendo del asa su baúl.*)—
Pues yo no tengo miedo, no soy débil. ¡Me voy! (*Espera
que la detenga su hijo.*) ¡Que me voy!

CLEOFÁS.—Vete. Sabes donde encontrarlo. En alguna tien-
da de antigüedades, vendiendo lo que ha ido llevándose
de aquí. Tú eres la única antigüedad que él no ha
querido...

HORTENSIA. (*Quiere hacerle daño.*)—¿Así le hablas a tu
madre?

CLEOFÁS. (*Terminando el asunto.*)—No se es madre por
traer gente al mundo... (*A* CONSUELITO.) Ni se es padre
por haber hecho un hijo, sino por todo lo que va
viniendo luego...

CONSUELITO.—En Orleans las estrellas son de estrella.

HORTENSIA. (*Al quedarse sola, pactando.*)—Está bien, de
momento tampoco cambia el párroco. No deja de ser
una buena noticia después de este berrinche...

CLEOFÁS.—El párroco cambiará un día u otro: eso no
importa ya.

HORTENSIA. (*Como un hallazgo.*)—Ya comprendo, hijo
mío. Qué ardid. Qué ardid. Podemos asegurar que el
campanero desapareció con todo lo que falta. Nos la-
vamos las manos. Que le echen un galgo a ese granuja.
Que le busquen en Orleans. (*Ríe.*) Nosotros hemos sido
los primeros damnificados. Quién iba a sospecharlo...
¿Quién dijo que eras tonto, Cleofás?

CLEOFÁS.—Tampoco será así. (*Se quita la sotana.*) Por fin
me encuentro libre. No me importa quien venga. Lo
que hemos hecho no es demasiado grave: qué vivir:
qué cosa. Pueden echarnos de aquí... (*Gesto de indife-
rencia.*) En la Capilla de Santo Tomé, no se termina
el mundo. Quizá de esa puerta para adentro sea donde

se termina. Donde hemos ido dejando perderse tantos
buenos días nuestros, entre estas piedras que también
tuvieron los suyos. Intentando poner remedios, fre-
deros, retretes: vivir en un sitio que no estaba hecho
para eso... En medio de tanta solemnidad, todo resulta
falso: hasta el pan, hasta esta jarra. Y lo falso es lo
otro. Esta madrugada, por el río, iba yo pensando. Lo
español que es todo esto: nos hartamos primero de
darnos puñetazos y después, como quien no ha hecho
nada, nos sentamos y nos ponemos a soñar el mejor
de los mundos: un escorial de plástico... Locos, ¡que
estamos locos! Yo prefiero ser como el burro de Fedro
al que nadie puede ponerle más que una sola albarda.
Cuando me echen pelaré por las calles hasta que el
niño nazca. Que nazca en la pura calle, libre de elegir
su parroquia. O no elegir ninguna. Si la felicidad viene,
bienvenida. Y, si no, que la zurzan. Ya arreglaremos
cuentas, con quien sea, al final...

     (CONSUELITO *ha ido dejándose envolver por*
     las palabras de CLEOFÁS.)

CONSUELITO. (*Con un tono neutro, a* CLEOFÁS.)—El niño
iba a llamarse Cleofás...

HORTENSIA. (*A* CONSUELITO *en un picotazo.*)—¡El niño será
niña!

CLEOFÁS. (*A su madre.*)—Si es niña se llamará Esperanza...
(*A* CONSUELITO *ya en la escalera, con el lazo de su
trenza en el traje, su saltador y su Marga. ¿A dónde
vas?*

CONSUELITO.—Voy a tocar el ángelus...

HORTENSIA. (*De un grito.*)—¡No es hora!

CLEOFÁS. (*Por defender a* CONSUELITO.)—Siempre es hora
para eso.

HORTENSIA.—¡Además, no hay campanas! ¡La última la
acabo de vender! (*A la mirada de* CLEOFÁS, *desafiante.*)
¡Como lo oyes!

CLEOFÁS. (*Hacia* CONSUELITO.)—Ya no quedan campanas,
Consuelito...

CONSUELITO. (*Encogiéndose de hombros.*)—Tocaré en Orleans.

CLEOFÁS.—No digas tonterías: ven aquí...

CONSUELITO. (*Niega.*)—Tengo que subir...

CLEOFÁS.—Agárrate bien, que esa escalera está muy em-
pinada... (*Subiendo un peldaño, con ternura.*) Pero,
¿adónde vas?

CONSUELITO.—A Orleans.

HORTENSIA. (*Malvada.*)—¡Vaya caso que te hace!

CLEOFÁS. (*A su madre, distrayéndose unos segundos de
CONSUELITO que, ajena, sigue subiendo.*)—¡Calla!

HORTENSIA.—¿Quién eres tú para mandarme?

CLEOFÁS.—El cabeza de familia.

HORTENSIA.—¿Y yo qué soy? ¿El pompi?

CLEOFÁS.—¡Cállate!

CONSUELITO. (*Bajito.*)—En Orleans no se pelea nadie...

CLEOFÁS.—No es la hora del ángelus... ¡Baja, Consuelito!

CONSUELITO.—En Orleans es siempre mediodía.

CLEOFÁS.—¡Baja! ¡Orleans es mentira!

CONSUELITO.—No... Es verdad... Lo único que es verdad...

> (*Se pierde por arriba. Corre CLEOFÁS. Sus
> últimas palabras las escuchamos fuera.*)

CLEOFÁS.—¡Vuelve, Consuelito! ¡Espera...! ¡Eso no! (*Baja
inmediatamente. Abatido. Deshecho. Mira a HORTENSIA.*)
Se ha... Se ha caído.

HORTENSIA. (*Mirándolo.*)—Sí, sí... caído. ¡Ahora abrirán
una investigación! (*Un expresivo gesto. Tras un segundo, CLEOFÁS, sin dudarlo más, sale a la calle.*) ¡Ay, tonta
hasta el final! ¡No ha servido ni para vivir! (*Comienzan
a descender las campanadas reales del ángelus.*) ¿Qué
son esas campanas? ¿Un milagro? Gracias, Señor.
(*Tono maldito.*) ¡Por lo menos queda algo que vender!
(*En trágica farsante, yendo hacia la calle.*) ¡Consuelito,
hija mía! ¡Qué desgracia más grande!

> (*Sale. Se escucha, después de unos segundos
> en que la escena aparece como inútil y sola,
> la voz de DON REMIGIO: "Feligreses... feligre-
> ses... feligreses..." Mientras cae lentamente el*

TELÓN

ACHEVÉ D'IMPRIMER
EN OCTOBRE 1956 PAR J. MONNIER
CLICHÉS PERROT ET GRISET